Conhecimento Proibido

Revelando os Segredos das Civilizações
Antigas e da Intervenção Alienígena

Dan Desmarques

22 Lions

Conhecimento Proibido: Revelando os Segredos das Civilizações Antigas e da Intervenção Alienígena

Escrito por Dan Desmarques

Índice

Introdução

Você já sentiu que nossa história é muito mais rica e complexa do que a apresentada em sala de aula e nos livros didáticos? Já se perguntou por que certas verdades parecem ser deliberadamente obscurecidas, fazendo com que a narrativa oficial pareça incompleta ou até mesmo fabricada? Se sim, saiba que você não está sozinho. As verdades ocultas do nosso passado estão esperando para serem descobertas, e chegou a hora de revelar os segredos escondidos da humanidade por milênios.

Em Conhecimento Proibido, embarcamos em uma jornada reveladora pela história misteriosa do nosso mundo. Neste livro, investigamos os segredos de civilizações antigas, o intrigante papel dos extraterrestres em nossa evolução e a supressão sistemática do conhecimento pelos poderosos. Não se trata apenas de uma coleção de teorias, mas de um chamado de alerta para aqueles que anseiam por entender a verdadeira natureza de nossa existência e recuperar nossa soberania espiritual.

Por meio de pesquisas rigorosas e evidências convincentes, exploramos os legados de civilizações antigas avançadas, como a Atlântida e a Lemúria, revelando sua profunda influência no mundo moderno. Analisamos o envolvimento de seres extraterrestres, desde a engenharia genética dos Anunnaki até a sabedoria divina atribuída aos deuses egípcios. Também expomos as táticas usadas pelos poderes constituídos para suprimir esse conhecimento, incluindo a manipulação da educação e da mídia e o uso generalizado da desinformação.

No entanto, Conhecimento Proibido não se limita a expor os enganos do passado; busca também abraçar as verdades do presente e vislumbrar um futuro que honre nosso potencial divino. Ao redescobrir as verdadeiras mensagens de figuras iluminadas, podemos nos libertar das restrições do dogma religioso e elevar nossa consciência. Essa jornada nos incentiva a reconhecer a interconexão de todos os seres e a importância vital da compaixão, da empatia e da unidade.

Se você está pronto para questionar as narrativas que nos foram impostas e buscar verdades profundas que estão além do véu do engano, então este livro é para você. A jornada para a liberação espiritual é pavimentada com conhecimento, compreensão e coragem para desafiar o status quo. É uma jornada que nos convida a enfrentar as sombras do nosso passado e a buscar a luz do nosso verdadeiro potencial. Se você está pronto para descobrir a verdade, comece essa jornada extraordinária hoje mesmo.

Prólogo

Em um mundo em que as narrativas oficiais da história muitas vezes parecem incompletas ou fabricadas, muitos de nós sentimos uma curiosidade persistente e um desejo de descobrir verdades obscurecidas por milênios. Conhecimento Proibido o convida para uma jornada reveladora pela história misteriosa do nosso mundo, explorando os segredos de civilizações antigas e o intrigante papel dos extraterrestres em nossa evolução. Mais do que apenas uma coleção de teorias, este livro é um toque de clarim para aqueles que anseiam por entender a verdadeira natureza de nossa existência e recuperar nossa soberania espiritual. Por meio de pesquisas rigorosas e evidências convincentes, mergulhamos nos legados de civilizações antigas avançadas e revelamos sua profunda influência no mundo moderno. Ao embarcarmos nessa jornada, somos incentivados a questionar as narrativas que nos são impostas e a buscar as verdades ocultas por trás do véu do engano.

Capítulo 1: Desvendando os Segredos das Civilizações Antigas

Até que a humanidade transcenda as divisões imaginárias de cultura, nacionalidade e religião e comece a cultivar compaixão, compreensão e empatia, o mundo continuará em seu caminho destrutivo. A competitividade e o orgulho tribal não podem nos levar a um futuro em que civilizações alienígenas possam nos ajudar a evoluir. Esse tipo de pensamento prejudica nossa capacidade de cooperar e apoiar uns aos outros. É preciso abandonar a visão hierárquica e dualista da realidade. Se isso não acontecer e as pessoas se apegarem a crenças rígidas e ultrapassadas sobre Deus e religião, especialmente as das religiões abraâmicas, não haverá esperança de evolução neste planeta. A superstição prevalecerá, e aqueles que adoram seres com a intenção de manter a humanidade escravizada retornarão o planeta a um estado primitivo, confundido com o céu.

A história nos mostra que as pessoas não são inerentemente boas ou más por causa de suas afiliações, mas por causa de suas crenças e ações. O mal está presente em todas as culturas e religiões. Os egípcios não foram os únicos a escravizar pessoas; os impérios português e espanhol, sob a influência do Vaticano, também criaram um regime global baseado na escravidão. O Império Romano escravizou 40% de sua população, mesmo depois de se tornar o Sacro Império Católico, e, em determinado momento da história, a Grécia tinha mais escravos do que cidadãos gregos. Os cristãos europeus também perseguiram e mataram muitos judeus. Atualmente, em Israel, os judeus são acusados de oprimir o povo palestino, que tem uma relação histórica e genética mais próxima dos judeus bíblicos do que daqueles que ocupam Israel, muitos dos quais vieram de outras partes do mundo, especialmente da Europa Oriental.

O Deus de Moisés pode ser retratado como o Deus dos oprimidos, mas os relatos religiosos apresentam uma história diferente. Quando os judeus deixaram o Egito com Moisés, arrependeram-se de sua partida, pediram para voltar à sua antiga terra e começaram a adorar os deuses egípcios. De acordo com esses relatos, quase todos foram mortos pelo Deus de Moisés e não chegaram ao seu destino. Aqueles que chegaram ao seu destino se tornaram opressores, travando uma guerra contra todas as tribos em nome de seu Deus, assassinando todos que se opunham a eles, inclusive mulheres e crianças.

Além disso, a ideia de que o Deus de Moisés e os deuses egípcios eram contrários um ao outro é um equívoco. Os egípcios tinham duas religiões: uma para o povo comum e outra para a nobreza. Eles nunca deixaram de acreditar no Deus da criação. Assim como os semelhantes deuses gregos, os deuses egípcios são interpretações populares das histórias sumérias. Os Dez Mandamentos também revelam a crueldade e a maldade que prevaleciam entre os primeiros judeus. Por que dizer "Não mate", "Não cometa adultério" e "Não roube", se essas não eram práticas comuns entre eles?

A crueldade tem prevalecido entre diferentes culturas e religiões, mas há muitos lados em nossa história, e você só tem um lado dependendo de quem está contando e onde a história está sendo contada. Muitas raças alienígenas supostamente interferiram em nossa evolução social, cultural e religiosa, e nossas diferenças nos enriquecem justamente por causa desse passado. Não podemos rotular quem é mau ou bom com base em nacionalidade, etnia, religião ou mesmo planeta de origem; caso contrário, a maioria da raça humana teria de ser classificada como muito perigosa e indigna de confiança. O bem e o mal vêm de nossas motivações internas e somos influenciados pelo que está ao nosso redor e pelo que consumimos, não apenas alimentos, mas também vibrações, energia, informações e ideologias.

Criamos nossos próprios deuses quando escolhemos a ideologia com a qual nos identificamos, mas somente os muito tolos ficariam satisfeitos com um estado de escravidão mental como o promovido por algumas interpretações religiosas. Desde que a ciência começou a estudar o DNA humano, muitas crenças sobre nossa natureza mudaram. Entretanto, muitas pessoas continuam presas a crenças ultrapassadas e primitivas. Pouquíssimas pessoas estão interessadas em corrigir os erros do passado, e é por isso que ainda há tantos livros no sistema educacional que ensinam coisas erradas. A sociedade parece mais interessada em manter o status quo do que em explicar suas suposições passadas. Grandes mudanças provavelmente teriam efeitos imprevisíveis, e ninguém parece disposto a assumir a responsabilidade sobre como a sociedade reagiria ao que se sabe hoje.

Capítulo 2: Procurando a Unidade em Um Mundo Dividido

Muitos crentes religiosos desconsideram fatos e verdades, considerando-se acima de qualquer apresentação de evidências concretas. Certa vez, pensei que as pessoas com mais de 80 anos seriam diferentes, mas, em vez disso, elas demonstraram as consequências de uma vida inteira de crenças infundadas. Esses indivíduos realmente acreditavam que deveriam me ensinar, não aprender, e, portanto, perderam a oportunidade de receber o que estavam orando para receber. Acredito nisso porque muitos confessaram ter dúvidas sobre os assuntos sobre os quais escrevo, mas não leram meus livros nem me pediram para compartilhar meu conhecimento. Eles não conseguem superar o medo e a superstição que tornam suas orações ineficazes.

Muitos que oram estão se desrespeitando, pois rejeitam as duas principais maneiras pelas quais o universo responde: por meio de indivíduos fora de sua comunidade religiosa e por meio daqueles inspirados pelo Criador. O Criador, que transcende a religião, ajuda todos que O procuram. O que você reza, você recebe, mesmo que não seja o que você espera. O problema das religiões monoteístas não é a crença em um único Deus, mas a representação de Deus em seus textos como o único verdadeiro.

Considere, por exemplo, um muçulmano e um cristão que oram a Deus para obter respostas encontradas em seus respectivos livros. Quando se encontram, não conseguem ouvir um ao outro, pois são de religiões diferentes. Para ilustrar o absurdo desse comportamento, imagine que você só pudesse consultar um médico de sua própria comunidade religiosa. Quantos médicos você encontraria? Se nossas interações fossem medidas por crenças religiosas, a sociedade seria disfuncional. No entanto, é isso que acontece quando as pessoas se recusam a aprender sobre espiritualidade com alguém de fora de sua comunidade religiosa. Essa hipocrisia generalizada sugere que Deus ignora os desejos de seus seguidores se eles não aderirem a uma religião específica.

A verdade não pertence a nenhuma religião, pois as religiões são tentativas humanas de compreender a vida. A arrogância e a hipocrisia tornam as pessoas surdas, e a ignorância, cegas. Quando um grupo religioso adora o Deus errado por meio de suas práticas, ele está seguindo uma doutrina falsa. Essas doutrinas são historicamente baseadas na necessidade das pessoas de simplificações, interpretações lineares, fantasias e maneiras de satisfazer suas superstições. Elas não estão preparadas para uma abordagem mais direta da verdade, especialmente se isso contradiz seus valores, o que prova que a religião está mais em sintonia com a invenção humana do que com os fatos.

A espiritualidade enraizada na verdade e em nossas origens humanas é complexa demais para as limitações das pessoas comuns e só pode ser compreendida por meio do misticismo e da fantasia. Portanto, há muito oculto por trás de símbolos e alegorias que uma mente preparada pode interpretar com mais profundidade do que a mente comum. A mente comum tem dificuldade para entender sua própria identidade, o que torna impossível transcender e avançar em direção a uma visão mais sublime e abrangente da vida. A mente comum não percebe que o ódio que nutre contra inimigos estrangeiros está no coração daqueles que são ferozmente apegados a seus dogmas.

A autoignorância é evidente quando as pessoas odeiam seus invasores e colonizadores sem perceber que descendem dessas pessoas. É ainda mais absurdo quando se orgulham de um país com fronteiras que não fazem sentido. É insano ter orgulho de uma nação que seus ancestrais ocuparam à força. Esse absurdo descreve com precisão a situação de muitas nações.

Lembro-me, por exemplo, de uma mulher lituana falando sobre os terríveis russos durante a ocupação soviética. Como o nome dela era russo, eu disse: "Vocês basicamente se odeiam e têm orgulho de uma nação que nem é de vocês!" Da mesma forma, certa vez ouvi um brasileiro criticar os portugueses por terem colonizado o Brasil. Perguntei se ele tinha antepassados portugueses, e ele respondeu que sim, que eram seus avós. Então respondi: "Então você basicamente odeia o que seus próprios ancestrais fizeram". No sul da Espanha, notei um racismo significativo contra os árabes, mais do que na França, o que é irônico, pois os muçulmanos conquistaram toda a Espanha, exceto a França, e permaneceram no poder por séculos. Quão espanhola é a Espanha depois de quase oito séculos de domínio islâmico? Também me pergunto se os espanhóis usam espelhos para se verem com precisão, já que muitos se parecem com os árabes.

Capítulo 3: Desafiando o Dogma Religioso

Os cidadãos americanos frequentemente expressam preocupação com a chamada invasão mexicana e com a predominância do espanhol em muitas partes dos Estados Unidos. No entanto, eles geralmente ignoram o fato histórico de que essas regiões faziam parte do México originalmente. Não se trata tanto de os mexicanos estarem vindo para os Estados Unidos, mas de eles estarem retornando às suas terras ancestrais. Em essência, não se trata de uma invasão, mas de uma retomada de terras ancestrais.

Além disso, o que é um americano sem conhecer o pow wow? Muitos americanos não conhecem essa tradição, que pertence aos nativos americanos, os habitantes originais do país. No entanto, a xenofobia e o racismo persistem entre muitos, escondidos por trás de um senso equivocado de orgulho por uma terra que seus ancestrais ocuparam.

O nacionalismo geralmente mascara uma profunda ignorância sobre a própria identidade, história e até mesmo origens genéticas.

Essa ignorância se estende às crenças espirituais, que geralmente estão em um nível cognitivo igualmente baixo, como evidenciado pelo orgulho de religiões baseadas em fundamentos questionáveis, como as religiões abraâmicas. Não é de se surpreender que muitos estejam desconectados de tópicos como reencarnação e vida extraterrestre, pois essas verdades desafiam o orgulho que têm de seus genes, aparência, nação, religião e dogmas.

Quando discutimos civilizações avançadas, esquecemos que elas só parecem distantes devido à nossa ignorância. Se pudéssemos evoluir para aceitar essas evidências, poderíamos deixar de lado o monoteísmo baseado em superstição e medo e construir uma verdadeira comunidade de viajantes espaciais intergalácticos. A ideia de que uma pessoa pertence a um lugar e outra a outro, e de que não somos todos parte da mesma família em uma bola gigante voando pelo espaço, é uma visão simplista da vida que limita nosso potencial.

A história da humanidade neste planeta nos mostra que, apesar das divisões impostas pelas religiões monoteístas, somos todos um. As Américas do Norte e do Sul, por exemplo, são formadas por pessoas que fugiram da pobreza, da guerra e da perseguição religiosa na Europa, bem como por descendentes de colonizadores espanhóis e portugueses, territórios ocupados por muçulmanos por quase oito séculos. Os habitantes originais da América do Norte, os nativos americanos, são comprovadamente descendentes de asiáticos, com seu vínculo genético mais antigo na Sibéria, atual Rússia.

Os povos asiáticos que ocupam a atual China, Rússia, Japão e áreas próximas descendem de uma civilização que ocupou cidades submersas no Oceano Pacífico. Muitos russos modernos são descendentes de eslavos que fugiram da perseguição mongol na Europa Oriental, enquanto os europeus são descendentes de africanos que migraram para o norte durante o Império Romano, especialmente como escravos, um processo que durou 1.480 anos e se estendeu a muitas regiões do norte da África.

De acordo com estudos genéticos, não havia registros ou evidências de pessoas caucasianas na Europa até cerca de 8.500 anos atrás. Somente há cerca de 7.700 anos surgiram as primeiras evidências de pessoas "pálidas e de olhos azuis", encontradas no que hoje é a Suécia. Naquela época, as pessoas do centro e do sul da Europa tinham a pele mais escura. Embora as opiniões possam divergir, é provável que a disseminação do povo caucasiano para o norte da África e o restante da Europa tenha sido forçada pela escravidão. De fato, a palavra "escravo" vem da palavra "eslavo". Os eslavos, que habitavam grande parte da Europa Oriental, foram levados como escravos pelos muçulmanos.

Os eslavos emergiram da obscuridade, e muitos estudiosos acreditam que eles sejam vikings escandinavos, uma ramificação dos varangianos, que se deslocaram para o sul a partir da costa do Báltico e fundaram o primeiro estado consolidado entre os eslavos orientais, com sede em Kiev. No entanto, há registros de expedições vikings ao Irã já em 1036 e à América do Norte ainda antes disso. Alguns acreditam que os vikings já negociavam com a China naquela época. É interessante observar também que os escravos, ou servos, estavam entre as mercadorias mais importantes comercializadas pelos vikings. Eles os adquiriam principalmente em expedições à Europa Oriental e às Ilhas Britânicas. Eles também podiam adquiri-los em casa, pois crimes como assassinato e roubo eram punidos com escravidão.

Não é difícil supor que os eslavos sejam descendentes de escravos vikings levados ao Irã e trocados por crimes cometidos em sua terra natal. Eles eram mercadorias vikings, uma das mais valiosas para o comércio. Essa hipótese é apoiada pelo fato de que alguns atribuem a origem dos eslavos ao Irã, já que mais tarde eles migraram para a Europa Oriental e para as áreas desocupadas da Alemanha e do resto da Europa. Eles claramente estavam fugindo de seus senhores no Irã, e não havia opção de migrar para o norte, para o povo que os havia expulsado. Então, migraram para o leste e, mais tarde, para o oeste.

Os eslavos, portanto, podem traçar suas origens até os criminosos vikings e os escravos iranianos, enquanto a Suécia é a terra original de onde surgiram, muito mais recentemente do que em outras partes do mundo, os primeiros traços caucasianos de olhos azuis. Isso nos leva a crer que os asiáticos e os africanos estavam entre os primeiros povos a aparecer na Terra, e que os árabes provavelmente teriam surgido como um híbrido dos dois. Entretanto, essa possibilidade é contradita pelas tábuas sumérias, que situam o nascimento da civilização na Mesopotâmia. Será que não uma, mas muitas raças alienígenas interferiram em nossa origem?

Capítulo 4: Migração e Identidade

Evidências científicas indicam que os primeiros registros da vida humana estão localizados na África, especialmente nas regiões do sul, ricas em ouro. Esses registros datam de cerca de 2,4 milhões de anos atrás. Várias espécies humanoides foram descobertas nessa área, incluindo Homo habilis, Homo rudolfensis, Homo erectus, neandertais e denisovanos. Embora alguns especulem que os primeiros humanos foram geneticamente projetados para extrair ouro, essa hipótese simplifica demais a história humana. Entidades alienígenas diferentes podem ter tido propósitos distintos na Terra. Além disso, frequentemente ignoramos as vastas informações escondidas sob nossos oceanos e as frequentes contradições enfrentadas pelos arqueólogos. A evolução linear é difícil de comprovar de maneira conclusiva.

Inúmeras raças alienígenas supostamente manipularam genes humanos em todo o planeta e além dele, possivelmente até trazendo humanos de outros mundos. Essa hipótese sugere que a Terra pode não ser o único planeta habitado por humanos. De fato, algumas teorias sugerem que a espécie humana é uma das mais difundidas no universo. As várias raças humanas encontradas em todo o mundo são uma prova disso. Entretanto, a noção de superioridade caucasiana — uma crença defendida pelos nazistas e ainda mantida por alguns nos EUA e na Europa — não tem fundamento nem lógica.

Nossa história interconectada e nossas diversas origens genéticas ressaltam a unidade fundamental da humanidade. As divisões promovidas por religiões monoteístas e ideologias nacionalistas são construções artificiais que obscurecem nossa herança e destino comuns. Para progredirmos como espécie, devemos abraçar nosso passado coletivo e lutar por um futuro guiado pela compaixão, empatia e compreensão, em vez de medo, ódio e ignorância. É importante observar que os caucasianos descendem de grupos historicamente violentos e foram uma das últimas raças a aparecer na Terra. Muitos foram escravizados pelo Império Romano e pelos árabes, o que resultou em sua dispersão e no tráfico como servos e profissionais do sexo, contribuindo para a variedade de pigmentação observada em diferentes regiões.

Com relação à pigmentação da pele, vale ressaltar que, apesar da discriminação contra indivíduos de pele escura em algumas culturas asiáticas, a pigmentação mais escura é mais adequada para o planeta Terra, especialmente para as populações que vivem ao sul do equador. À medida que se avança para o norte do equador, espera-se que a prole tenha maior probabilidade de desenvolver uma pele mais clara, devido à menor exposição à luz solar. Essa transferência genética se torna aparente quando indivíduos de diferentes origens têm filhos, com certos genes se tornando dominantes de acordo com a região e a ascendência genética dos pais.

Pessoas com pele clara geralmente enfrentam desafios em ambientes com luz solar intensa e correm o risco de sofrer queimaduras solares, exceto em áreas com exposição solar limitada. É plausível que aqueles que viveram em cavernas por gerações, subsistindo de frutas silvestres e carne seca, tenham desenvolvido essa pigmentação, enquanto as populações predominantemente caçadoras desenvolveram características que aprimoraram suas habilidades de caça. Até mesmo o clima frio costuma ser intolerável para os caucasianos, o que sugere que eles desenvolveram características menos adaptáveis ao planeta. No entanto, eles são frequentemente vistos como a "raça principal" e, de acordo com vários estudos, são a primeira opção para as mulheres que procuram um parceiro.

Isso levanta questões sobre nosso conceito de beleza e sua possível origem genética. Estamos predispostos a admirar pessoas de pele mais clara? Por que os cristãos geralmente retratam Jesus como branco e se ofendem quando ele é retratado como palestino ou árabe, mesmo que essa seja provavelmente sua verdadeira aparência, se é que ele existiu? Ou isso está relacionado à tendência de algumas pessoas se sentirem atraídas por determinados traços de personalidade?

A violência histórica associada às sociedades dominadas por caucasianos está bem documentada, inclusive os genocídios cometidos por vários impérios e nações. A violência e as violações de limites parecem ser temas recorrentes em certas sociedades dominadas por caucasianos ao longo da história. Portanto, é mais natural que todas as raças da Terra se misturem do que se dividam e competam pela supremacia. Enquanto isso, é irônico que duas das superpotências do mundo, a Rússia e a América do Norte, tenham formado um "Cinturão do Norte" contestado com base na migração e nos conflitos dos povos caucasianos.

Embora não seja justo nem exato acusar uma raça inteira de ser inerentemente racista, o registro histórico de genocídios liderados por caucasianos contra populações indígenas é inegável e profundamente perturbador. Certos colonizadores caucasianos eliminaram sistematicamente as populações e as linhagens genéticas dos povos indígenas. Impulsionadas pela expansão imperialista e por ideologias racistas, essas atrocidades quase destruíram essas comunidades por completo, com consequências devastadoras que repercutem até hoje.

Capítulo 5: A Rica Tapeçaria da Evolução Humana

Ao longo da história, as religiões, os valores e as visões de mundo dominantes foram frequentemente adotados por populações genocidas, em vez de refletir a verdadeira diversidade e espiritualidade da humanidade. As guerras imperialistas travadas pelos Estados Unidos, Grã-Bretanha e Rússia exemplificam como essas mentalidades predatórias persistiram, encobertas pela retórica da libertação e da retidão religiosa.

Uma forma particularmente perniciosa de racismo é a tendência de correlacionar a cor da pele com espiritualidade e raças alienígenas. Essa correlação tem sido usada com frequência para legitimar a supremacia das populações caucasianas e seus dogmas religiosos. As alegações de anjos e extraterrestres com características brancas e nórdicas não são apoiadas pelos fatos e também servem para perpetuar preconceitos raciais prejudiciais.

É profundamente perturbador que os chamados "gurus espirituais" e autores ocidentais continuem a promover essas narrativas racistas, usando o fenômeno do contato alienígena para dar credibilidade a afirmações absurdas e discriminatórias. Esses indivíduos devem ser responsabilizados por seu papel na disseminação de informações errôneas e na perpetuação de estereótipos raciais prejudiciais.

Alguns dos contatados mais proeminentes, como Billy Meier, declararam publicamente que não há tendência evolutiva para a pele branca entre os pleiadianos ou qualquer outra espécie extraterrestre conhecida. De fato, os extraterrestres, quer pareçam humanos ou não, provavelmente desenvolverão uma gama mais ampla de pigmentação devido às diferentes condições planetárias às quais estão expostos. Esse fenômeno reflete como os humanos na Terra se adaptariam a circunstâncias semelhantes.

Outra falsidade perpetuada por enganadores é a alegação de que os pleiadianos são membros de uma aliança de civilizações que recebem conselhos de seres de Andrômeda. Diz-se que essa suposta aliança inclui milhares de sociedades espalhadas pela galáxia de Andrômeda e pela nossa Via Láctea, com uma população total de cerca de 127 bilhões de seres. O absurdo dessa alegação é evidente: ela implica que os chamados pleiadianos de pele branca seriam inferiores a uma população de seres de pele azul ou verde. Como essa ideia poderia ser válida?

Billy Meier reconheceu a existência de uma grande variedade de tons de pele entre as civilizações alienígenas avançadas, inclusive a negra. Essa diversidade se estende a populações que se assemelham aos humanos. Além disso, o conceito de uma hierarquia baseada no tom de pele é ilógico quando visto pela ótica da reencarnação. Se os seres humanos não evoluíssem por meio de experiências diferentes, mas progredissem em direção a um ponto final específico, os princípios da ciência espiritual perderiam seu significado.

A reencarnação consiste em ciclos de experiências em diferentes corpos e gêneros, um conceito budista conhecido como samsara. Essas experiências não podem ser correlacionadas com a cor da pele, pois a pigmentação não tem relação com as lições espirituais essenciais que devemos aprender para abraçar diferentes perspectivas. Transcendemos o reino da Terra quando não precisamos mais de experiências e percepções adicionais para compreender a natureza da alma. Esse estado é chamado de iluminação. Ele não representa a liberdade absoluta, mas uma libertação parcial associada à libertação do ciclo do samsara neste planeta. Uma vez liberto, o ser está livre para continuar sua jornada espiritual em outro lugar, com uma visão mais ampla e expansiva da vida.

Nesse contexto, uma Semente Estelar é um indivíduo que pode ter existido anteriormente na Terra, mas que foi liberado para explorar outros reinos e retorna voluntariamente para ajudar na ascensão espiritual de outros. Essa missão incorpora valores espirituais mais elevados, associados ao altruísmo, embora seja expressa em uma densidade de nível mais baixo em termos de espectro vibracional. Todos nós fazemos parte de uma vasta família interplanetária, e os seres humanos não são seres isolados presos a um único planeta. Consequentemente, uma Semente Estelar pode nascer em diferentes partes do mundo e dentro de diferentes culturas, dependendo da natureza da missão que deve cumprir e de suas características espirituais únicas.

Como os indivíduos podem sair e retornar ao planeta à vontade, também é possível que eles retornem ao mesmo planeta por falta de livre-arbítrio e renasçam em culturas diferentes, vivenciando tradições e religiões distintas. Em última análise, os indivíduos mais liberados são aqueles que não estão apegados a seus corpos ou a suas terras natais e que são livres para aprender com os outros. Uma pessoa que pode viajar, por exemplo, está em uma jornada espiritual, pois tem a oportunidade de expandir sua consciência. Infelizmente, muitos desperdiçam essa oportunidade, concentrando-se em prazeres materiais, momentos de preguiça e indulgência, o que muitas vezes leva a um acerto de contas cármico mais tarde na vida, resultando na perda de tudo o que eles acreditavam poder manter indefinidamente.

Capítulo 6: Desmascarando os Mitos Raciais

Embora tenhamos o direito de aproveitar as dádivas da vida, é um desperdício não enxergá-las como oportunidades de transcender para reinos mais elevados e contribuir mais para o planeta. As oportunidades podem não se apresentar da mesma forma em vidas diferentes, e muito pode ser facilmente esquecido. O que criamos em uma vida pode, e muito provavelmente será, experimentado na próxima. Portanto, é sábio cultivar um bom carma e deixar lembranças positivas que possam ser facilmente acessadas por meio da experiência direta. Nesse sentido, associar a cor da pele ao progresso espiritual não é apenas absurdo, mas também indicativo de um profundo mal-entendido sobre o que a espiritualidade realmente implica. Tais crenças refletem deficiência cognitiva e falta de consciência.

Infelizmente, muitas pessoas que defendem essas opiniões ocupam posições de destaque em igrejas e em outras comunidades. É igualmente absurdo acreditar que muitas civilizações africanas são menos avançadas do que algumas da Europa Oriental, especialmente considerando que os brancos foram considerados ignorantes, incivilizados e escravizados por séculos durante o Império Romano. Além disso, as evidências arqueológicas indicam claramente que as civilizações mais avançadas do passado estavam localizadas na Índia, no norte da África, na América do Sul e no Oriente Médio. Essas culturas estavam entre as primeiras a documentar o contato e o cruzamento com alienígenas em seus textos religiosos, e também foram pioneiras na criação de narrativas religiosas baseadas nesses encontros.

A ideia de superioridade racial não é apenas falsa, mas também perigosa. Ela alimenta a divisão, o ódio e a violência. A interconexão de nossa história e as diversas origens de nossa composição genética ressaltam a unidade da humanidade. Para progredirmos como espécie, devemos abraçar nosso passado coletivo e lutar por um futuro guiado pela compaixão, empatia e compreensão, em vez de medo, divisão e ignorância. Notavelmente, as escrituras religiosas mais antigas já descobertas são do Iraque e da Índia. Esses fatos são abundantes e suficientes para desacreditar a ideia de que uma pessoa de pele branca é superior àquelas com tons de pele diferentes ou mais escuros.

Infelizmente, muitas pessoas no mundo não têm conhecimento histórico e são facilmente enganadas por sua ignorância, tornando-se vítimas de teorias infundadas. Essa ignorância é uma das principais razões pelas quais o racismo persiste. Ninguém é mais evoluído do que outro simplesmente por causa da cor da pele, e é tolice acreditar que a cor da pele confere um status especial. A evolução não tem nada a ver com o racismo, e o conceito de reencarnação enfraquece a validade dessas atitudes. No contexto da reencarnação, um racista representa a manifestação espiritual mais baixa, pois ele ignora não apenas o significado de ser humano, mas também sua essência espiritual.

Ao não compreender a imortalidade da alma, o racista se condena a uma vida de ódio a si mesmo e é forçado a aprender lições de natureza espiritual inferior e alta densidade física. Podemos observar as consequências dessas crenças em muitas pessoas que perderam tudo e foram humilhadas por circunstâncias inesperadas. Muitos cidadãos americanos e britânicos, por exemplo, se viram vivendo como mendigos sem teto em regiões hoje consideradas países do Terceiro Mundo, onde antes desfrutavam de uma imagem de superioridade cultural.

Além disso, é absurdo sugerir que algumas pessoas pertencem a determinadas partes do mundo, enquanto outras pertencem a outras regiões. Nossos ambientes moldam nossas experiências e, ao vincularmos nossas identidades a um determinado lugar — especialmente o local onde nascemos —, limitamos nossas opções. Ninguém pertence de fato a um determinado lugar com base na pigmentação ou na cidadania. Esses conceitos são construções humanas e desenvolvimentos relativamente recentes.

Na antiguidade, durante as eras romana, grega e chinesa, as fronteiras territoriais eram geralmente fluidas e não tão rigorosamente aplicadas como hoje. As viagens dentro dos impérios eram geralmente irrestritas, embora houvesse postos de controle e alfândegas nas fronteiras. As viagens eram comuns, especialmente para o comércio, a peregrinação e a guerra. Somente entre os séculos XV e XVII, com o surgimento dos estados-nação na Europa, as fronteiras começaram a ser definidas de maneira mais formal.

O Tratado de Westphalia, em 1648, é frequentemente citado como o ponto de virada, pois estabeleceu o conceito de estados soberanos com territórios definidos. No entanto, as viagens dentro e entre esses estados permaneceram relativamente irrestritas até os séculos XVIII e XIX, quando o sistema de passaportes foi introduzido para controlar e monitorar a movimentação, especialmente em épocas de conflito. O sistema moderno de passaportes, caracterizado por formatos padronizados e reconhecimento internacional, surgiu após a Segunda Guerra Mundial com o objetivo de minimizar os riscos de invasão e guerra. A globalização e o aumento do terrorismo internacional levaram a controles ainda mais rígidos sobre a movimentação de pessoas através das fronteiras, incluindo a introdução de biometria, passaportes eletrônicos e tecnologias avançadas de controle de fronteiras.

Capítulo 7: O Mito das Fronteiras Nacionais

Hoje em dia, muitas pessoas vivem em um país sem demonstrar desejo de deixar o local onde nasceram. De acordo com a Organização Mundial do Turismo das Nações Unidas, apenas 900 milhões de pessoas viajaram entre diferentes nações em 2022, a maioria delas para fronteiras próximas. Uma parte significativa dessas chegadas ocorreu dentro de blocos regionais. Isso significa que a grande maioria da população mundial — mais de 7,5 bilhões de pessoas — nunca conhecerá verdadeiramente o planeta em que vive.

Isso representa um número significativo de indivíduos que vivem como animais presos entre fronteiras e, ainda assim, ousam afirmar que não há vida em outros planetas, demonstrando um profundo nível de ignorância. Que tremendo desperdício de recursos cognitivos esses indivíduos representam e que vida desperdiçada eles levam, pois permanecem alheios às valiosas lições que poderiam aprender simplesmente interagindo com pessoas de outras culturas e observando como os outros vivem. Essa visão egocêntrica da vida é a raiz de grande parte da estupidez, do racismo e da discriminação no mundo.

Essas pessoas são incapazes de entender o que significa interagir com seres de outros planetas e galáxias, pois estão tão distantes desse entendimento quanto do que significa ser humano neste planeta. Pior ainda, muitos desses indivíduos nem sequer leem, acreditando que os livros são muito caros. Será que a estupidez é realmente barata? Grande parte da miséria do mundo é o preço pago pela ignorância. As nações mais pobres geralmente têm a população menos instruída.

Pagamos pela estupidez tanto em nível individual quanto coletivo, e é por isso que uma população estúpida geralmente acaba tendo líderes estúpidos, que valorizam a educação tão pouco quanto a população reconhece sua necessidade de melhoria. A pobreza sempre revela semelhanças entre as diferentes nações empobrecidas. Nesse sentido, podemos dizer que o conhecimento é muito mais valioso do que a ignorância. A maneira mais fácil de adquiri-lo é por meio da interação cultural.

Por milhares de anos, as pessoas migraram entre continentes em busca de uma vida melhor. Recentemente, no entanto, muitos perderam o interesse e a compreensão do imenso valor de ser um nômade, perspectiva que foi redescoberta por aqueles que buscam melhorar de vida por meio do trabalho remoto. Nesse contexto, ninguém tem mais direito de entrar em contato direto com extraterrestres ou de ser considerado uma Semente das Estrelas por causa da cor da pele; o que importa é a natureza do caráter da pessoa. A sabedoria dos extraterrestres não se correlaciona com as perspectivas limitadas e, muitas vezes, racistas de algumas pessoas na Terra.

Por exemplo, os pleiadianos são frequentemente comparados aos anjos dos gnósticos por causa de suas semelhanças com os anjos descritos em textos sagrados. Eles são mencionados com frequência em encontros relatados no Oriente Médio e na América do Norte, mas não tanto na Suécia ou na Alemanha. Podemos argumentar que as pessoas do Oriente Médio se comunicavam com anjos de pele branca, mas isso ainda apoiaria meu argumento. Além disso, de acordo com Billy Meier, uma das pessoas que o contatou, chamada Alena, uma mulher da Federação Pleiadiana da constelação de Lyra, tinha a pele "marrom-clara". Meier observou que ela se assemelhava a pessoas de países ao redor do Mediterrâneo e media 1,48 metro de altura (In Meiersaken.info). Alena poderia ser facilmente confundida com uma mulher comum do Oriente Médio ou da América Latina.

Outro ser que Meier encontrou se chama Menara, de um planeta do sistema Vega. Ele a descreve como uma "bela mulher" de "pele muito escura" e "cor marrom muito profunda", além de olhos negros. Ele acrescentou que ela tem "características negróides, como os hotentotes na África" (Meiersaken.info).

Embora controverso, o caso Billy Meier está incluído nesta discussão porque foi investigado pelo tenente-coronel Wendelle Stevens e outros pesquisadores por um período de cinco anos. Eles estavam convencidos de que as evidências de tais contatos eram esmagadoras. Seus relatórios também confirmam o que eu pessoalmente sei sobre o assunto: os tons de pele dos pleiadianos, assim como de muitos outros alienígenas, podem variar muito, dependendo de fatores como a proximidade de seu sol ou sóis e as raças com as quais eles se cruzaram.

Não há limite para a variedade de tons de pele, e acredito que muitas raças alienígenas, como vários relatos indicam, estão mais interessadas na diversidade do que na homogeneidade. Também não há correlação entre espiritualidade e cor ou aparência da pele. Sugerir que algumas raças são mais evoluídas do que outras por causa da cor da pele ou das características anatômicas é um absurdo. Por exemplo, os humanoides insetoides estão entre as espécies alienígenas mais avançadas, embora os insetos sejam frequentemente considerados formas de vida inferiores e pouco atraentes na Terra.

Capítulo 8: Desvendando a Verdade da Ficção

Alguns indivíduos na Terra, movidos por interesses pessoais e preconceitos, estão tentando sequestrar o assunto da vida extraterrestre, explorando a ignorância de muitos para manipular a opinião pública. Essa manipulação é feita por meio de livros, filmes e religiões, como a dos raelianos. Esse movimento é uma compilação de mentiras, distorções e delírios de seu fundador, mas atrai seguidores com seus absurdos, atendendo às perversões de muitos neste planeta.

Embora Claude Maurice Marcel Vorilhon, conhecido como Rael, chame a atenção do público para uma questão importante, ele inadvertidamente faz com que qualquer outra pessoa que fale com sinceridade sobre o mesmo assunto pareça tola. Embora o raelismo tenha pouco a ver com a cultura alienígena, ele é fortemente influenciado pela cultura francesa, com sua ênfase em orgias, festas, deboche público e apropriação de filosofias criadas por outros. Isso, juntamente com movimentos como o Heaven's Gate — que culminou no suicídio coletivo de 39 membros — e a Cientologia, marcada por histórias de abuso psicológico e físico, contribui para a percepção de que os crentes na vida extraterrestre não são vistos como racionais pela sociedade em geral.

Outro fator que contribui para isso é o fato de os governos de todo o mundo se recusarem a divulgar tudo o que sabem sobre a vida extraterrestre por temerem pânico em massa, caos e reações adversas de vários grupos religiosos. Enquanto isso, esses governos estão muito interessados em desenvolver armas capazes de derrubar OVNIs para se apoderar da tecnologia e dos genes dos corpos extraterrestres recuperados.

A manipulação da questão extraterrestre por aqueles com agendas pessoais serve para desviar a atenção da verdadeira exploração de nossa herança cósmica, de nossa unidade como povo e do potencial de evolução humana por meio desse senso de unidade. Ao desmascarar a noção de superioridade racial e expor as táticas manipuladoras usadas para controlar a opinião pública, é possível promover uma compreensão mais inclusiva do nosso lugar no universo. A diversidade da experiência humana e a riqueza de nossa composição genética devem ser celebradas, e não exploradas como ferramentas de divisão e opressão.

A verdade sobre a interferência extraterrestre e nossa interconexão com outros seres no cosmos pode nos levar a um futuro em que a compaixão, a empatia e a compreensão guiem nossas interações, em vez de medo, dogma e ignorância. Para entender a questão da existência de extraterrestres a partir de uma perspectiva espiritual, é necessário reconhecer que moralidade, diversidade e integração são conceitos inter-relacionados. O que torna as Sementes das Estrelas únicas em comparação com outras pessoas neste planeta é sua capacidade de unir as características dos terráqueos com uma visão mais evoluída da vida.

Essa perspectiva inclui vários princípios fundamentais: aceitar todas as raças da Terra como parte da mesma família, independentemente da cor ou da origem; visualizar o planeta como uma entidade única, sem fronteiras, passaportes ou cercas; e reconhecer que todos os espíritos estão no mesmo caminho evolutivo, mesmo que muitos ainda não estejam prontos para abraçá-lo. Esse caminho envolve criatividade, compaixão e tolerância.

À medida que um espírito evolui para compreender esses princípios, ele naturalmente anseia por mais liberdade. Por isso, a liberdade de expressão, a liberdade de movimento e a liberdade de pensamento são tão importantes. Infelizmente, a maioria das pessoas não compreende o significado dessas liberdades porque não evoluiu o suficiente para apreciar sua importância. Para muitos, o conceito de liberdade é estranho; eles buscam apenas adquirir mais bens que proporcionem conforto e prazer.

Como a maioria das pessoas não é suficientemente evoluída, elas geralmente não têm curiosidade nem compaixão pela verdade. Muitas vezes, elas podem até se sentir ofendidas por ela. Nenhuma explicação pode iluminar suficientemente as realidades de uma natureza superior para aqueles cujos espíritos estão presos em estados vibratórios inferiores. Embora a Terra ainda acomode sua existência, à medida que o planeta evolui, essas almas talvez precisem ser segregadas em outros reinos, daí o conceito de inferno.

O inferno pode ser entendido como uma metáfora para mundos de densidade mais alta, caracterizados por mais violência, engano e sofrimento do que o mundo terrestre. Nesse sentido, poderíamos comparar o inferno a uma transição para uma realidade em que a vida é significativamente mais desafiadora. Essa noção não é difícil de entender quando observamos as condições em lugares como as Filipinas, onde muitas pessoas vivem em condições de miséria absoluta. Um tipo diferente de inferno é vivenciado por aqueles que perdem tudo o que possuem e enfrentam a fome e a falta de moradia nessas nações. No entanto, apesar do potencial de se encontrarem nas situações mais miseráveis, a maioria das pessoas raramente contempla essa realidade. Elas não se preparam, nem espiritualmente nem mentalmente. Não leem, não aprendem e não amadurecem.

Capítulo 9: O Caminho da Iluminação

Os indivíduos que menos evoluem são geralmente aqueles que fazem as perguntas mais equivocadas, fazem falsas suposições sobre a vida e tentam impedir a evolução dos outros. Muitos desses indivíduos, geralmente encontrados em vários grupos religiosos, me perguntaram por que eu não "finco raízes em algum lugar", presumindo que são mais evoluídos do que eu porque vivem como uma árvore, repetindo os mesmos hábitos por décadas até morrerem. Eles acham que são mais evoluídos porque estão apegados a um pedaço de terra, rotinas diárias e empregos, ignorando completamente o fato de que um nômade pode aprender mais em uma semana do que em uma vida inteira.

Muitos se perguntam como sei mais do que eles, e a resposta é óbvia: porque tenho tempo para ler, enquanto eles não têm; porque valorizo o tempo, enquanto eles não fazem o mesmo; e porque sou curioso, enquanto eles são arrogantes. Eu poderia continuar com minhas explicações, mas nenhuma delas seria aceita por aqueles que se consideram imunes a qualquer julgamento. A maioria das pessoas simplesmente não tem os valores necessários para a evolução, acreditando, equivocadamente, que é superior aos outros sem nenhum motivo válido. Encontrei muitos desses indivíduos na Maçonaria e no Rosacrucianismo; são algumas das pessoas mais ridículas que já conheci. Quando discutem civilizações extraterrestres, fica claro que não têm nenhuma compreensão do assunto. Eles estão muito distantes da compreensão de assuntos que exigem uma abordagem metafísica da vida.

Se uma pessoa não entende por que alguém deste planeta teria curiosidade em visitar outras nações, certamente não entenderia por que alguém viajaria pelas galáxias com o mesmo objetivo. Para evoluir espiritualmente, devemos nos esforçar para ser nômades, viajantes curiosos, não apenas como um meio de nos deslocarmos sem rumo pelo planeta ou nadar em diferentes praias, mas como um estado fundamental de ser. Essa mentalidade está alinhada à necessidade de buscar melhores oportunidades de autoexpressão autêntica, de aprender mais sobre sua natureza e, o mais importante, de rejeitar ambientes que não o valorizem como indivíduo.

Por que lutar em um lugar quando se pode experimentar o céu em outro? O céu não é algo que acontece com você, mas algo que você cria. Entender o que significa viver na Terra é essencial antes de explorar outros planetas, mas muitas pessoas nunca compreendem esse conceito, geralmente devido à falta de evolução espiritual. Esses indivíduos, que operam em uma frequência vibracional mais baixa, podem aconselhar os outros a se estabelecerem e criarem raízes, acreditando erroneamente que sua perspectiva limitada equivale à sabedoria.

Como a mentalidade de oportunidade é especialmente predominante entre aqueles que buscam riqueza e oportunidades de negócios, o termo "oportunidade" é frequentemente associado a buscas financeiras, refletindo a obsessão da sociedade com dinheiro e autopreservação. No entanto, o verdadeiro escopo desse conceito é muito mais amplo. A oportunidade também engloba a descoberta e a apreciação de novas culturas, o estudo de nossas diferenças como espécie global e a compreensão dos valores inerentes à nossa diversidade e aos nossos costumes. Ela nos convida a explorar a beleza do nosso planeta.

No mínimo, devemos reconhecer o valor de experimentar diferentes frutas, testemunhar a variedade de cores no céu e observar a miríade de expressões da vida em diferentes culturas. Devemos nos esforçar para nos surpreender simplesmente pelo fato de estarmos vivos, o que é possível quando encontramos lugares bonitos e cultivamos um amor genuíno pela existência, livre de expectativas. Espanto e conforto não coexistem: é impossível se surpreender com algo que já se conhece. Para sentir admiração, surpresa, intriga e curiosidade, é preciso se aventurar no desconhecido. Muitas pessoas têm medo dessa exploração, pois tendem a evitar situações fora de seu controle. Tenho observado com frequência que as pessoas precisam de um motivo para tomar decisões, acreditando que sempre podem controlar o resultado. Essa atitude é absurda e inibe o crescimento espiritual.

Um ser verdadeiramente espiritual não tenta controlar os resultados, mas aceita as surpresas e evolui por meio dos desafios enfrentados. No entanto, é fascinante observar como muitas pessoas demonstram arrogância e ignorância ao impor aos outros seus valores equivocados, que são contrários à natureza da evolução espiritual. Muitos pertencem a grupos religiosos e usam sua autoridade religiosa para persuadir os outros, ficando com raiva quando falham, como já testemunhei muitas vezes. Seu comportamento é ridículo e prejudica os próprios princípios que afirmam defender. Maçons, rosacruzes, budistas, hindus — há inúmeras religiões, inclusive a Cientologia —: todos esses grupos são compostos por indivíduos que entendem pouco do que dizem estudar.

Capítulo 10: Fortalecendo o Pensamento Independente

Você pode aprender mais com qualquer religião lendo seus textos de forma independente, sem buscar orientação externa. Sua evolução espiritual depende da sua capacidade de formular seus próprios pensamentos com base nas suposições de outras pessoas e tirar conclusões consistentes com seus objetivos de vida. Você não precisa aceitar dogmas ou absolutos em nenhum campo do conhecimento; em vez disso, use o que for útil, descarte o que não for e desenvolva suas próprias conclusões por meio da prática e da aplicação do que aprendeu.

Essa abordagem abre as portas da sua mente para a evolução espiritual, independentemente de quão limitante ou desafiadora sua vida possa parecer. Na verdade, é mais provável que você transforme sua vida olhando para dentro de si mesmo do que para fora. A sabedoria é frequentemente encontrada no cultivo da alma por meio da meditação e da contemplação da natureza

— o céu, os pássaros, as árvores e o oceano —, bem como no cultivo da mente por meio da leitura extensiva. Embora uma maior variedade de conhecimento possa gerar confusão, há um aspecto libertador nela que os seguidores de dogmas religiosos geralmente não compreendem: a liberdade de pensar de forma independente e de praticar o pensamento crítico.

É preciso aceitar a confusão para aprender a pensar com clareza. Considere que, antes de se tornar a segunda nação mais rica do mundo, a China exigia que os alunos estudassem no exterior por pelo menos um ano. Eles viajavam para a África, América do Sul, Europa, América do Norte e outros lugares. Essas experiências os enriqueceram de inúmeras maneiras. Ao trazer de volta uma riqueza de experiências e conhecimentos, a China absorveu o melhor que cada país tinha a oferecer. O rápido crescimento da prosperidade chinesa não é resultado do fato de ser chinesa, mas sim da assimilação das melhores práticas mundiais. Qualquer país ou indivíduo que adotar essa abordagem, sem dúvida, progredirá rapidamente, superando aqueles que arrogantemente tentam "adivinhar" seu caminho para o sucesso.

Isso deveria ser óbvio, mas não é. Como resultado, muitas pessoas permanecem presas a formas ultrapassadas de pensar, como se pode observar em algumas populações europeias. Aqueles que reconhecem e aproveitam as oportunidades deste momento histórico sempre seguirão em frente. Às vezes, tudo o que é necessário para mudar de vida é fazer as perguntas certas a alguém que tenha as respostas. No entanto, com exceção dos meus alunos chineses, raramente encontrei pessoas que fizessem perguntas capazes de mudar suas vidas. Em vez disso, as pessoas costumam perguntar sobre a minha vida porque acreditam ter as soluções para os seus problemas e, em seguida, passam a me dizer como viver, como se soubessem mais sobre mim do que eu. Esse comportamento é ridículo e patético.

Em minha experiência, os europeus geralmente se encaixam nesse perfil. Eles se veem sofrendo economicamente, mas discordo. Eles continuam a se beneficiar dos legados do colonialismo porque têm pouco a oferecer ao mundo além de seu próprio fanatismo. Sem os recursos e o conhecimento dos quais se apropriaram das nações que agora consideram inferiores, a Europa não teria conhecimento, cultura ou qualquer outra coisa. Muitas das coisas consideradas cultura europeia, da arte à culinária, foram apropriadas de nações vizinhas, especialmente do Oriente Médio e da África do Norte. O que chamamos de cultura francesa, grega, italiana, espanhola e portuguesa é, na verdade, a cultura mediterrânea enriquecida pelo conhecimento das civilizações árabes, que eles frequentemente rejeitam e discriminam racialmente.

O despertar de nossos sentidos espirituais está entrelaçado com o desenvolvimento de nossas mentes e culturas, independentemente do contexto cultural em que fomos criados. Embora não possamos escolher a cultura em que nascemos, podemos e devemos cultivar a nossa própria cultura. Não é preciso ter nascido no Japão para aprender a cozinhar comida japonesa, assim como não é preciso ser grego para estudar filosofia grega. Muitas pessoas não percebem isso quando estão aprendendo um novo idioma, acreditando erroneamente que o objetivo final é a aquisição da língua.

Quando morei na China, conheci muitos britânicos que falavam chinês fluentemente, mas não tinham amigos chineses, preferindo socializar com americanos. Qual é o valor de usar o idioma como uma ferramenta de validação profissional, em vez de usá-lo para o crescimento pessoal? Quanto mais você observa e assimila, mais aprende sobre si mesmo e sobre os outros. A exposição a outras culturas me permitiu reavaliar meus próprios valores e aprender gradualmente a me perdoar por ter nascido em uma nação que muitas vezes parece ignorante e em um continente que pode parecer estagnado.

Não podemos nos orgulhar de ser humanos por isso parecer superficial, mas podemos nos orgulhar do que aprendemos. Muitos se esquecem disso quando presumem que há uma competição para ver quem viaja mais ou gasta mais dinheiro. A única pessoa com quem você deve competir é você mesmo. Não diminua sua própria jornada comparando-a com a de outras pessoas. Essas comparações nem devem entrar em sua mente se você deseja ascender a reinos mais elevados.

Capítulo 11: Aceitando a Cidadania Global

À medida que você continua viajando e absorvendo elementos de diferentes culturas, chega um momento em que você percebe que não é mais cidadão de um país, mas cidadão do mundo. Você não quer mais ficar em um só lugar; em vez disso, deseja a liberdade de explorar o mundo. Muitos têm dificuldade em compreender esse novo estado, pois não conseguem imaginá-lo ou entendê-lo. Entretanto, quando você começa a ver a vida sob essa perspectiva, seus problemas pessoais passam a ser vistos sob uma luz diferente. Esse desapego físico promove um estado natural de metacognição, que permite repensar sua existência e desapegar-se de valores que antes pareciam primordiais. De fato, é impossível permanecer apegado a qualquer coisa se você quiser progredir cada vez mais.

Por outro lado, o mundo continua a implementar mecanismos que o mantêm ancorado a um único lugar, como a exigência de um endereço físico ou um único número de telefone. O mundo foi projetado para inibir o movimento, o que é uma verdadeira tragédia que muitas pessoas não reconhecem. Não faz muito tempo, durante a pandemia do coronavírus, as pessoas ficaram confinadas em casa, mas muitas encontraram conforto nessa situação e não enxergaram nada de errado nisso. Essa atitude reflete um nível preocupante de ignorância. É impossível discutir a ascensão espiritual com indivíduos que preferem passar os dias na cama, assistindo à televisão, sem fazer nada. Essas pessoas não reconhecem o valor da evolução espiritual e, provavelmente, retornarão à Terra para enfrentar desafios semelhantes, talvez de formas ainda mais drásticas. Elas fracassarão novamente e pagarão um preço mais alto pelas lições que se recusam a aprender. Essa é a lei do carma e do renascimento.

Uma das percepções mais fascinantes que obtive ao conversar com pessoas que viajaram pelo mundo — algumas optando por nunca mais voltar a seus países de origem, enquanto outras acabaram voltando — é que todas elas descobriram onde realmente precisavam estar, em vez de se forçarem a ficar em um só lugar. Essas decisões não se basearam apenas em riqueza ou oportunidades de trabalho, mas também em lições de vida, experiências culturais ou, simplesmente, no amor à viagem. Perceberam que não estavam destinados a viver como plantas ou árvores, presos aos lugares onde nasceram. Em vez disso, entenderam que poderiam se mudar em busca de melhores condições de oxigênio, luz solar e água.

Digo isso não apenas metaforicamente, mas também literalmente, porque poucas pessoas percebem que podem viver onde quiserem, seja por desejarem mais luz solar, água limpa em belas praias ou o ar fresco de florestas magníficas. A maioria está tão arraigada em seus sistemas de crenças, raízes e origens culturais que não consegue imaginar as infinitas possibilidades que a vida oferece. O caminho para a evolução espiritual é pavimentado com curiosidade, exploração e disposição para enfrentar o desconhecido. Ao nos libertarmos das restrições do nacionalismo, do racismo e das fronteiras culturais, podemos liberar o verdadeiro potencial de nossas mentes e contribuir para a evolução coletiva da humanidade.

Os princípios de aceitação, liberdade e compaixão não são meros ideais; eles são a chave para um futuro no qual nos vemos como cidadãos do planeta, e não como prisioneiros de nossas perspectivas limitadas. No entanto, a maioria das pessoas tem muito medo de embarcar em suas próprias jornadas e explorar essas possibilidades. E se você pudesse viver seus sonhos em qualquer lugar do planeta? Você abriria mão dessa oportunidade só porque precisa de seus amigos por perto? Infelizmente, muitas pessoas sacrificam a aventura da vida pelo conforto da previsibilidade e acabam se comportando mais como vegetais do que como seres inteligentes. Não é de se admirar que muitos pareçam desinformados; quando não usamos o cérebro, na verdade nos tornamos menos inteligentes. As sinapses que conectam os neurônios do seu cérebro começam a se deteriorar, reduzindo-o a uma fração do seu potencial, conforme determinado pelos seus hábitos.

Quanto menos desafiador for seu estilo de vida, mais seu intelecto pode diminuir. Isso não significa que você deva se lançar no caos para se tornar mais inteligente; em vez disso, você deve buscar um equilíbrio ideal de experiências que a vida pode oferecer se realmente deseja ter uma experiência espiritual satisfatória. Por exemplo, muitas pessoas que conheci se mudaram de países mais ricos para países mais pobres porque se apaixonaram pelo cônjuge e preferiram se mudar para o país dele em vez de permanecer onde estavam. Por que alguém desejaria se mudar para um país menos próspero? Essa é a parte fascinante! Muitas vezes, eles o fizeram porque perceberam uma melhor qualidade de vida, menos criminalidade ou, simplesmente, mais acesso à natureza. Ao desafiarmos nossas noções preconcebidas e sairmos de nossas zonas de conforto, podemos descobrir novas formas de viver e pensar, que enriquecem nossa vida.

Capítulo 12: Crescimento Pessoal por Meio da Exploração Global

A internet possibilitou que muitas famílias se mudassem para pequenas ilhas ou vilarejos na Ásia, onde sentem que a decisão lhes trouxe os momentos mais felizes de suas vidas. A adoção de uma mentalidade global não é muito complicada e pode aumentar significativamente seu potencial de sucesso. Depois de perceber meu desdém pelos europeus e seu racismo generalizado e comportamento rude — conclusões tiradas de mais de uma década de extensas viagens pelo continente —, decidi me mudar para a Ásia, onde estou escrevendo este livro.

A cultura asiática permitiu que eu me curasse e fosse produtivo, enquanto a europeia me deixou terrivelmente deprimido. Os europeus, em geral, demonstram falta de consciência, e suas conversas costumam ser repletas de suposições arrogantes e equivocadas. Ter uma conversa normal com os europeus pode ser doloroso, pois eles geralmente não têm uma visão mais ampla da vida. As exceções são tão raras que você se sente sortudo por encontrá-las. A Europa não é propícia para pessoas criativas. Na verdade, se você não consegue prosperar como artista ou escritor de sucesso na Europa, deveria considerar se mudar para os Estados Unidos, onde os artistas são mais respeitados.

Em Nova York, o fato de me identificar como escritor me rendeu um tratamento semelhante ao de uma estrela de cinema, enquanto na Europa fui ridicularizado, questionado sobre minha sanidade mental e alvo de suposições absurdas sobre meu estilo de vida. Se você quiser ter um estilo de vida mais acessível e ainda desfrutar de uma casa na praia, considere a possibilidade de se mudar para Porto Rico, Belize, Tailândia ou qualquer outro lugar com comodidades semelhantes e vizinhos agradáveis. Se o que você deseja é solidão, desenvolva seu próprio negócio e isole-se em uma cabana na floresta. Não há necessidade de aceitar a negatividade nem de lutar pela aceitação entre aqueles que são menos evoluídos espiritualmente. Se você se deparar com o racismo na Espanha, na Lituânia ou na Polônia, por que não ir embora? Se encontrar pobreza em um país africano, por que não partir? Se você se depara com discriminação na Alemanha ou na Áustria, por que reclamar, se você pode simplesmente se mudar?

Acredito que não há nada de que se orgulhar em uma nação que tem pouco a oferecer. Pior do que nascer nas Filipinas é ter orgulho de ser filipino. Se você tem alguma consciência filipina, sua prioridade deveria ser deixar uma nação cheia de grosserias, psicopatas, estupradores, terroristas, trapaceiros e mentirosos o mais rápido possível. Ser mais espiritual não significa apenas sentar-se de pernas cruzadas no chão ou ajoelhar-se em oração e esperar pelo melhor. Significa tornar-se mais consciente de seu potencial espiritual e agir de acordo com ele.

O conhecimento é essencial para isso, mas o conhecimento vem da ação, e a ação vem da determinação de mudar. Essa determinação não se manifestará sem o reconhecimento da necessidade de mudança, e é por isso que aqueles que não enxergam o que está errado em suas vidas nunca evoluirão. O sofrimento geralmente é um pré-requisito para a evolução, não porque o sofrimento seja inerentemente bom, mas porque ele destaca o que é indesejável. Somente os tolos afirmam que o sofrimento é uma parte integral da vida que deve ser aceita.

As pessoas tendem a viver de acordo com seus valores, e é por isso que aqueles que me consideravam um idiota continuaram em seu caminho, enquanto eu forjava o meu próprio. Minha família acreditava que o sofrimento fazia parte da vida e viveu miseravelmente durante toda a existência. Criei a vida que tenho agora, uma vida que eles não compreendem, e por isso sou visto como um criminoso com frequência. Aqueles que não têm a capacidade de entender nada além de sua própria realidade geralmente veem aqueles que não conseguem entender como inferiores, como um meio de proteger seu próprio ego. Com o tempo, porém, o ego se torna frágil, como um ovo desprotegido, que se quebra facilmente por nunca ter sido verdadeiramente desenvolvido.

O ego é apenas o verdadeiro eu obscurecido por mentiras. A maior mentira que as pessoas contam a si mesmas é que são importantes, quando, na verdade, não são. Elas percebem isso instintivamente quando param de trabalhar e se sentem deprimidas, e é por isso que recorrem a várias substâncias, sendo a mais óbvia o açúcar. No entanto, outra mentira importante que muitas pessoas contam a si mesmas é a de que, para ser espiritual, é preciso aceitar os outros como eles são. Eu me recuso a viver em um país onde não sou respeitado, independentemente do que os outros possam dizer ou pensar, ou do contexto histórico do país.

O mesmo princípio se aplica aos relacionamentos. Nunca entro em um relacionamento com a intenção de permanecer no mesmo país em que conheci minha parceira. Essa ideia me parece absurda, embora seja o que muitas mulheres que conheço esperam. A maioria das pessoas tem uma visão limitada da vida, o que contribui para a sua infelicidade. Não posso respeitar suas crenças ou valores espirituais se elas racionalizam a vida de maneira tão limitada. A espiritualidade não se resume a isso, e elas estão erradas ao considerá-la dessa forma.

Capítulo 13: Compreendendo Nossas Conexões Cósmicas

A espiritualidade está relacionada à expansão da consciência por meio de ações, experiências, ideias e criatividade, e não à aceitação de circunstâncias negativas que nos afetam negativamente. É por isso que os Sementes das Estrelas muitas vezes parecem mais rebeldes do que seguidores apáticos de filosofias do bem. Qualquer pessoa que o ensine a aceitar o que nunca deveria ser aceito está promovendo uma doutrina falsa. Não há racionalização ou justificativa para o desrespeito, o racismo, a xenofobia ou o mal em geral. O que você vê é o que é, e você tem o direito de buscar experiências mais enriquecedoras que promovam sua evolução, especialmente quando ameaçadas.

Por muito tempo, acreditei que havia algo errado comigo, pois não era amado ou aceito, mas tratado como um idiota. Só mais tarde percebi que estava cercado por pessoas com habilidades cognitivas limitadas, e não se pode esperar muito de quem vê o mundo por uma lente tão estreita. Discutir com elas ou tentar fazê-las entender uma realidade que está além de sua compreensão é inútil. A única opção viável é ir embora e não dizer nada; mesmo as cartas que você deixar para trás não serão aceitas como realistas. Nunca recebi um pedido de desculpas de alguém que conheci porque o nível cognitivo dessas pessoas permaneceu tão baixo durante toda a vida que elas nunca perceberam o erro de seu comportamento abusivo e desrespeitoso. Meu maior erro foi esperar um pedido de desculpas, pois seria egoísta esperar respeito dos outros.

Tive de aceitar o fato de que muitas pessoas podem nutrir um ódio eterno por mim. A única resposta apropriada é não fazer nada: esquecê-las e viver uma vida que não exija sua aprovação ou compreensão, permitindo que permaneçam em sua ignorância. Muitas pessoas difamam minha reputação e inventam bobagens a meu respeito, mas não me importo, pois elas não fazem parte da minha vida. Talvez seja por isso que elas me desprezam tanto: eu não preciso delas. Poucos conseguem entender que nossa família não se limita àqueles que nos deram nossos corpos por meio de um ato espontâneo de relação sexual. Em vez disso, ela inclui as pessoas que encontramos em nossa jornada espiritual: aquelas que realmente nos respeitam, apoiam nossas necessidades e aceitam nossa verdadeira natureza, inclusive nossas limitações e aspirações. Essas pessoas não sufocam nossos sonhos; pelo contrário, alimentam-nos com palavras de incentivo.

Quando encontramos essas pessoas, começamos a entender a natureza de uma família espiritual. Esse entendimento se aprofunda quando percebemos que, apesar de nossas diferentes aparências e culturas, podemos nos conectar espiritualmente.

Analisar nossa existência pelas lentes da diversidade do planeta é tão relevante para nós quanto para as culturas com as quais interagimos. Essa exploração nos aproxima da verdade sobre nossa diversidade e sobre nossas origens espirituais.

Segundo a ciência moderna, a humanidade não evoluiu de maneira linear. Em vez disso, ela passou por um processo de cruzamento e hibridização entre muitas espécies, a maioria das quais parece ter surgido "espontaneamente" na Terra ou ter vindo de outras galáxias. De acordo com Benjamin Plackett no Live Science News, a comunidade científica agora aceita unanimemente que pelo menos vinte e uma espécies humanas diferentes, cada uma com um histórico genético distinto, habitaram a Terra. Entre elas estão o Homo sapiens, os neandertais, o povo indonésio parecido com o Hobbit, o Homo erectus, o Homo naledi, o Homo luzonensis, o Homo floresiensis (geralmente chamado de "Hobbits") e o povo da caverna do Cervo Vermelho, na China. Muitos fósseis dessas espécies foram descobertos nos últimos anos e, no ritmo atual de descobertas, é provável que muitos outros sejam encontrados.

Determinar o número exato de diferentes espécies humanas é complicado porque os pesquisadores continuam a descobrir novos fósseis, muitas vezes representando espécies até então desconhecidas. John Stewart, paleoecologista evolucionista da Universidade de Bournemouth, no Reino Unido, disse: "O número está aumentando, e isso depende de quem você pergunta. Tudo depende da definição de espécie e do grau de aceitação da variação dentro de uma espécie. Isso pode levar a discussões irritantes e pedantes, pois todos querem uma resposta definitiva."

A diversidade da espécie humana já foi tão comum que agora é incomum haver apenas uma espécie. "Não faz muito tempo que não éramos tão especiais, mas agora somos os únicos que restaram", diz Nick Longrich, biólogo evolucionista da Universidade de Bath, no Reino Unido. Encontramos não apenas evidências de espécies muito diferentes com origens distintas, mas também esqueletos e material genético que não se assemelham a nada atualmente encontrado na Terra.

Capítulo 14: A Marca Genética da Humanidade

Em sua busca para determinar nossas origens, os pesquisadores envolvidos no Projeto Genoma Humano fizeram uma descoberta científica notável. De acordo com o professor Sam Chang, do Projeto Genoma Humano, eles "acreditam que os chamados 97% de sequências não codificantes no DNA humano são nada menos que o código genético de formas de vida extraterrestre", conforme relatado no Exonews.org. Originalmente chamadas de "DNA lixo", a função dessas sequências não codificantes era desconhecida. Entretanto, muitos agora acreditam que nosso DNA pode ser de origem extraterrestre. Essa hipótese foi discutida em um trabalho de pesquisa publicado em 2012 por Maxim A. Makukov, do Departamento de Matemática da Universidade Nacional do Cazaquistão Al-Farabi, e Vladimir I. Cherbak, do Instituto Astrofísico do Cazaquistão. Suas descobertas apoiam a ideia de que os seres humanos foram geneticamente projetados com determinados genes programados para serem ativados, muitos dos quais estão relacionados não apenas às nossas habilidades intelectuais e espirituais, mas também à nossa expectativa de vida. A ativação desses genes poderia nos elevar a um nível semelhante ao dos deuses, nossos criadores, e dar credibilidade às narrativas envolvendo figuras como Enki ou Lúcifer.

Vale a pena observar, entretanto, que as contribuições de Lúcifer podem não ter sido tão benéficas quanto parecem. Se tudo o que ele fez foi desbloquear os genes associados ao intelecto superior e à reprodução, deixando-nos vulneráveis a doenças e a uma vida útil limitada, com média de não mais de cem anos, seu impacto é questionável. Enki pode ter nos dado a inteligência para nos rebelarmos contra os deuses, mas não a capacidade espiritual para nos assemelharmos a eles. Por isso, as antigas tradições religiosas continuam nos enredando em uma teia de engano, sugestão hipnótica e predisposição à violência em nome de um conceito de Deus. Até que a humanidade eleve sua consciência, a religião permanecerá relevante, permitindo que as religiões abraâmicas mantenham sua influência sobre as massas facilmente influenciáveis.

Quando consideramos a possibilidade de que uma civilização extraterrestre avançada tenha se empenhado em criar e plantar nova vida em vários planetas, é lógico que a Terra seja apenas um entre muitos desses locais. A pergunta urgente que deveríamos fazer é: por que nosso código genético ainda tem tantas limitações e por que continuamos a operar com estruturas genéticas antigas? De acordo com Vladimir Sherbak, citado em Hybrid Humans, por Daniella Fenton e Bruce R. Fenton, nosso DNA pode ser entendido como "um programa que consiste em duas versões: um código estruturado vasto e um código simples ou básico". Em um artigo para o Express.co.uk, Makulov afirma que "mais cedo ou mais tarde, teremos que aceitar o fato de que toda a vida na Terra carrega o código genético de nossos primos extraterrestres e que a evolução não é o que pensamos que é".

Devemos permanecer abertos à possibilidade de interferência genética contínua em vários níveis, com algumas raças alienígenas nos elevando e outras nos arrastando para baixo. Parece que cada raça alienígena tem sua própria agenda. Por essas razões, é cada vez mais difícil falar de uma única raça humana, pois muitos indivíduos podem não ser totalmente humanos em sua essência. Alguns já cruzaram essa linha, apesar de sua aparência externa. Enquanto alguns indivíduos estão evoluindo para um estado mais próximo do divino, outros estão regredindo em direção a certas espécies alienígenas de frequência vibracional mais baixa, muitas vezes desprovidas de traços humanos fundamentais, como a empatia.

A questão da empatia torna-se particularmente relevante quando analisamos os rituais que muitos líderes mundiais são forçados a realizar. Esses rituais, que podem ser canibais e cruéis, preparam as pessoas para a obediência a uma entidade ou grupo não humano. Nesse contexto, o cristianismo pode ser visto como uma versão mais suave do culto a Moloch celebrado por muitas pessoas. No entanto, isso não significa que todos os alienígenas com agendas religiosas tenham a intenção de escravizar e manipular a humanidade. Suas intenções variam de acordo com sua própria visão de vida.

Alguns autores, como Zecharia Sitchin, argumentam, com base em traduções de tábuas sumérias, que os extraterrestres criaram geneticamente os seres humanos para servirem como escravos. Entretanto, diferentes raças alienígenas parecem ter tido propósitos distintos, conforme sugerem vários registros antigos. Isso poderia explicar a separação de, pelo menos, duas espécies humanas no passado: uma que foi expulsa de um paraíso alienígena por se recusar a ser escravizada, e outra que permaneceu ignorante e complacente. Esse paralelo é evidente em nossa sociedade contemporânea, onde muitos indivíduos escolhem ser subjugados por seus governos e por um sistema de valores opressor, permanecendo em um estado mental limitado e inconsciente. Em contrapartida, outros buscam educação e libertação da ignorância.

Capítulo 15: Superar o Controle e Aceitar a Autonomia

Aqueles que permanecem inconscientes de sua própria vulnerabilidade espiritual estão agindo contra as leis da criação e da evolução. Não é de se surpreender, portanto, que as religiões tradicionais devam acomodar suas necessidades, enquanto os poucos que despertaram não podem se submeter a um sistema tão limitador de códigos morais. Ao despertar para a verdade, a pessoa começa a ver todas as religiões como métodos de controle mental e escravização em massa. Um indivíduo verdadeiramente desperto terá dificuldade em ser aceito em qualquer grupo religioso, pois não se deixa controlar facilmente. Isso revela um dos muitos ensinamentos ocultos da Bíblia: aqueles que não podem ser controlados geralmente são expulsos dos grupos que visam controlá-los.

A recente ameaça de um vírus elevou essa psicose em massa a níveis sem precedentes, pois a ameaça agora é invisível e qualquer pessoa pode se tornar alvo de um medo irracional. As pessoas passaram a desconfiar de seus amigos e parentes e a temer o contato humano por causa da possível contaminação por doenças criadas em laboratórios ao redor do mundo. Os líderes mundiais associaram com sucesso a interação humana à morte, instilando um medo que impede até mesmo conversas casuais durante uma pandemia. As máscaras exigidas durante a pandemia de coronavírus de 2019 tornaram-se símbolos de opressão, conformidade e doutrinação, condicionando as pessoas a aceitarem medidas ainda mais opressivas no futuro.

Podemos vislumbrar esse futuro na China comunista, onde as pessoas podem ser presas em suas próprias casas por algo que escreveram on-line e desaparecer sem deixar rastros. Isso representa um vírus muito pior: a repressão política de pensadores independentes. O caminho para o despertar espiritual é reconhecer as limitações impostas a nós por nossos governos e abraçar a diversidade de nossa herança genética. Somente assim poderemos liberar nosso verdadeiro potencial e contribuir para a evolução coletiva da humanidade.

Os seres humanos foram criados com propósitos diferentes e se diferenciaram por meio de suas escolhas. Essas escolhas geralmente decorrem do desejo de permanecer na escuridão, o que pode ser interpretado como uma forma de escravidão, ou de despertar espiritualmente e se juntar às fileiras dos iluminados. Como resultado, as percepções da criação variam muito de pessoa para pessoa. Aqueles que vivem nas trevas tendem a confundir Deus, Satanás e seus profetas, considerando-os entidades intercambiáveis. Eles não conseguem distinguir entre anjos, arcanjos, Jesus e o Espírito Santo, o que resulta em uma simplificação profunda de questões complexas.

Essa simplificação excessiva é um comportamento comum daqueles que não compreendem. A escuridão é igual à ignorância, e aqueles que são profundamente ignorantes têm dificuldade para entender grande parte do mundo ao seu redor. Essa vulnerabilidade os torna suscetíveis ao controle, pois racionalizam sua ignorância para impedir sua evolução. Sua falta de consciência os impede de reconhecer suas próprias limitações. Muitas perguntas feitas por indivíduos ignorantes podem parecer simples à primeira vista, mas têm inúmeras camadas subjacentes, e eles mal conseguem entender os requisitos mais básicos para uma compreensão mais aprofundada.

Explicar qualquer coisa no mundo interconectado de hoje é um desafio, pois poucas pessoas realmente entendem a intrincada rede de relacionamentos que definem nossa realidade. É como tentar explicar a realidade a um personagem preso em um videogame. Nosso mundo está repleto de camadas de códigos e interpretações errôneas, todas intrinsecamente ligadas, que interpretamos como realidade e, posteriormente, como religião. Conforme registrado em Oséias 4 da Bíblia, Jesus observou que a ignorância leva à morte. A Bíblia se refere a isso como "falta de conhecimento", termo que transmite um significado semelhante. Esse apego a um sistema falho pode fazer com que as pessoas se tornem cegas para as verdades óbvias ao seu redor.

Muitas pessoas estão tão arraigadas em suas interpretações do mundo que acham impossível escapar de suas prisões mentais, não importa o quanto tentem. Um exemplo notável disso é a reação contra professores e médicos clínicos que apresentam evidências científicas que contradizem crenças amplamente aceitas. Hoje em dia, muitas pessoas buscam apenas a ciência que concorda com seus delírios, aceitando avidamente vacinas que médicos alertaram que podem ser ineficazes e perigosas.

Em meio a esse caos global, um segmento da população está despertando, como se uma parte do mundo estivesse se movendo em uma direção, enquanto outra estivesse se movendo na direção oposta. A maioria distorceu o destino de suas religiões por meio de mentiras e interpretações errôneas, e o número de leis que um grupo tenha é irrelevante se elas não forem seguidas. Veja a Cientologia, por exemplo. Ela foi fundada por um homem que mais tarde foi assassinado. Seus seguidores alteraram e reorganizaram seus ensinamentos, criando sua própria versão. Quando as pessoas afirmam que entendem a Cientologia porque assistiram a documentários, geralmente estão se referindo às interpretações daqueles que não têm conhecimento, que foram distorcidas por outros. Esse padrão também pode ser observado na história do cristianismo.

Capítulo 16: Descobrindo Pontos Em comum Entre as Religiões

P ara muitos, minha afiliação a vários grupos religiosos, muitas vezes simultaneamente, é irrelevante. O que realmente importa para eles é identificar a palavra "errada" em nossas discussões sobre religião, como se estivéssemos em um jogo de "adivinhe qual palavra você não pode dizer". Lidar com essas pessoas já me custou centenas de amizades, pois é assim que a maioria das pessoas se comporta. Muitas vezes não tenho certeza de quais tópicos evitar, pois eles podem provocar reações irracionais, especialmente em grupos religiosos que afirmam ter mente aberta.

Veja os maçons, por exemplo. Eles se apresentam como inclusivos de todas as religiões, mas essa inclusão se estende apenas àquelas que eles consideram "estúpidas" — aquelas que podem ser facilmente refutadas. O excesso de conhecimento é problemático para eles e para muitas outras pessoas religiosas. A hipocrisia é desenfreada: eles professam uma crença, mas agem de forma contrária a ela, dependendo do que for mais conveniente. Isso fica evidente quando as Testemunhas de Jeová se envolvem com indivíduos que fazem perguntas ingênuas, mas evitam aqueles que podem desafiar suas crenças com suas próprias escrituras e até mesmo refutar suas alegações de financiamento por doações com evidências factuais.

Ao se examinar as origens de qualquer religião, verdades essenciais são reveladas, e essas verdades estão interconectadas em diferentes religiões. Por exemplo, o hinduísmo tem semelhanças com o cristianismo. No entanto, se alguém entender apenas a interpretação cristã da verdade — uma interpretação que muitas vezes difere do que Cristo realmente ensinou, influenciada pelas perspectivas de seus assassinos, ou seja, os romanos e os judeus —, poderá acreditar erroneamente que há diferenças significativas entre as religiões.

No idioma aramaico, Jesus se referiu a Deus como o "Criador do Universo", uma perspectiva diferente daquela apresentada na Bíblia e em outras religiões abraâmicas. Essa distinção destaca um conflito com o nome judaico para Deus, Jeová, que é uma pronúncia construída a partir do nome hebraico YHWH, que inclui as vogais da palavra "Adonai". Notavelmente, "Adonai" é o plural de deuses, assim como "Elohim", outro termo hebraico usado na Bíblia para descrever Deus, o que sugere que as religiões abraâmicas não são verdadeiramente monoteístas, mas sim politeístas.

Esse politeísmo oculto é obscurecido por uma narrativa que apresenta um ser singular como representante de um coletivo de seres extraterrestres. Assim, o Deus bíblico não é sinônimo do Criador, mas representa uma raça alienígena que escravizou a humanidade e pretende nos manter como súditos obedientes à sua vontade. A corrupção de nossa natureza espiritual resultou em uma infinidade de perspectivas religiosas que, muitas vezes, promovem a ignorância e a hipocrisia.

A verdade sobre nossas origens espirituais e a interconexão de todas as religiões permanece obscurecida pelas limitações da compreensão humana e pela manipulação do dogma religioso. Para progredirmos como espécie, precisamos aceitar a complexidade de nossa existência e buscar verdades que transcendam nossas perspectivas limitadas. Ao reconhecer as linhas comuns que permeiam todas as religiões e tradições espirituais, podemos começar a enxergar o quadro geral e trabalhar em direção a uma humanidade mais esclarecida e unificada.

A questão de saber se o Criador é homem ou mulher continua sem resposta. Muitos o retratam como masculino, em grande parte com base na compreensão de que a criação começa com o esperma fertilizando o óvulo. Nesse contexto, Deus é visto como homem porque fecunda a Terra com vida por meio da chuva e da energia luminosa. Lúcifer, frequentemente associado a Deus por ter dado inteligência aos seres humanos, é muitas vezes equiparado a Enki, que também é representado como homem. Seu irmão, Enlil, o líder da raça alienígena que escravizou a humanidade no Éden, também é do sexo masculino e é adorado pelos seguidores das religiões abraâmicas.

Isso não significa, entretanto, que a energia feminina não tenha discernimento espiritual. De acordo com a Biblioteca Nag Hammadi, Maria Madalena foi reconhecida como a única pessoa capaz de interpretar e reproduzir com precisão os ensinamentos de Jesus. Nessa narrativa, ela personifica a deusa feminina que o acompanha ou é sua contraparte. Esse simbolismo é refletido nas obras de Da Vinci, que a retratou sob essa ótica. Para entender essa analogia, é necessário considerar o Criador como a fonte da vida, com o universo como o útero ou o recipiente dessa vida.

As tradições antigas geralmente viam a Deusa Mãe como o próprio universo, abrangendo suas muitas galáxias e representando o reflexo do Deus-Criador além desse holograma. Nessa estrutura, diferentes planetas simbolizam os ovos da Deusa Suprema, e os seres humanos na Terra e em outras realidades representam manifestações menores, semelhantes a pequenos micróbios ou centelhas do Criador. Dentro desse espectro de diferentes seres em diferentes planetas e entre a consciência e as manifestações de vida, encontramos a totalidade do Um, o Deus-Criador, manifestando-se em todas as formas de vida.

Capítulo 17: Explorando os Mistérios da Existência

Nas formas mais densas e desafiadoras da existência, observamos a manifestação da polaridade negativa de Deus, enquanto as formas mais elevadas refletem a polaridade positiva. Juntas, essas manifestações permitem que o Criador, que não deve ser confundido com o Deus do monoteísmo, se expresse ao longo do tempo e nas múltiplas dimensões da existência. Para o Criador do Universo, não existe o conceito de tempo ou espaço; em vez disso, existe um único momento de consciência expandida. Essa é uma realidade que os seres humanos, limitados por suas formas físicas, têm dificuldade de compreender, razão pela qual muitos gnósticos viam o corpo humano como um túmulo. Para eles, a libertação só poderia ser alcançada por meio da morte, quando a união com o Criador transcende as limitações do corpo físico.

A partir desse entendimento, surge a ideia de que o Criador é uno e onipresente. Ele é a própria criação, existindo dentro e fora de nós, bem como em todas as criaturas, inclusive aquelas consideradas feias, ignorantes ou violentas. Ele conhece nossos pensamentos, emoções e motivos, serve como juiz supremo e também encarna a misericórdia, especialmente quando nos arrependemos e nos voltamos para Ele. Muitas ideias promovidas pela religião contêm esses e outros elementos da verdade, mas frequentemente são distorcidas para disseminar falsos ensinamentos.

Mesmo sem religião, a humanidade continua conectada ao Criador. Parece que o Criador deseja que Suas criações evoluam e melhorem, tanto por meio de seus próprios esforços quanto em relação umas às outras. Isso sugere que o Criador é a favor da vida, embora aceite a morte como parte da ordem natural. Sob essa perspectiva, os seres humanos terrestres podem não ser vistos como significativos porque, muitas vezes, não respeitam a si mesmos, aos outros ou ao planeta. Ao explorarem, abusarem e desrespeitarem todas as formas de vida, e esperarem passivamente pela salvação, em vez de se esforçarem para se aperfeiçoar, esses seres humanos se tornam parasitas na criação de Deus. Eles podem ser facilmente removidos para dar lugar a seres mais preparados e capazes de cuidar do planeta.

Todos nós somos criadores, assim como os alienígenas, e é nesse ponto que a situação se torna confusa: esquecemos nosso papel de cocriadores e não compreendemos essa verdade. Nossa única esperança como cocriadores é aplicar as leis do amor e da compaixão. Devemos abraçar o lema de que somos todos um e nos esforçar para viver uma vida dedicada à bondade e ao crescimento espiritual por meio da sabedoria e do estudo rigoroso das leis da vida. Entretanto, uma das descobertas mais surpreendentes que fiz após estudar o tema das dificuldades de aprendizagem e ser professor por muitos anos é que quase ninguém realmente entende os assuntos que afirma professar em sua religião.

Isso é tão verdadeiro na educação quanto na religião. Treinei meus alunos para identificar lacunas no conhecimento de seus professores e para fazer perguntas que os fizessem refletir. As expressões nos rostos dos meus alunos quando percebem, por meio das minhas técnicas, que seus professores muitas vezes não compreendem o assunto são realmente reveladoras. Não é de se admirar que o mundo esteja em desordem; essa é a realidade nas escolas de ensino médio, nas universidades e nas congregações religiosas. De fato, durante o período em que fui professor universitário, achei relativamente fácil contestar as afirmações de outros educadores, o que muitas vezes gerou conflitos. Essa atitude também causou atritos com professores quando eu era estudante.

O problema subjacente é que as pessoas tendem a repetir o que acreditam ser verdade sem compreendê-lo completamente, mesmo em ambientes acadêmicos. A maioria das pessoas funciona como um autômato, portanto, poucos conseguem reconhecer o mesmo comportamento nos outros. Entretanto, há certas frases que podem nos guiar para a verdade, aplicáveis tanto à educação quanto à religião. Por exemplo, muitas escrituras indicam que somente Maria Madalena realmente entendia Jesus, o que sugere que suas palavras são as mais confiáveis para compreender sua verdadeira natureza. Jesus é citado dizendo: "Bem-aventurada Maria, a quem completarei em todos os mistérios" (A Pistis

Sophia) e "Eu lhe dei autoridade sobre todas as coisas e filhos da luz" (A Sofia de Jesus Cristo).

Esses evangelhos foram excluídos da Bíblia porque, se incluídos, dariam a Maria Madalena autoridade absoluta sobre a doutrina cristã. Tal cenário prejudicaria as decisões arbitrárias do Concílio de Nicéia, que persistem até hoje. O cristianismo, em seus vários ramos, é em grande parte uma invenção repleta de distorções. Para descobrir os verdadeiros ensinamentos de Cristo, é preciso ler os evangelhos perdidos. Esses textos foram considerados perdidos porque qualquer pessoa encontrada em posse deles poderia ser acusada de blasfêmia e executada.

O que foi descoberto é apenas o que estava oculto. Um dos aspectos mais polêmicos e reveladores desses evangelhos é a afirmação de que Jesus "amava Maria mais do que os outros discípulos e frequentemente a beijava na boca" (Evangelho de Filipe). Essa revelação representa um desafio para os cristãos modernos, muitos dos quais parecem desconfortáveis com a ideia de um relacionamento romântico entre Jesus e Maria Madalena. Embora não haja evidências substanciais de que Jesus tenha beijado outra pessoa, alguns estudiosos especulam que ele possa ter sido homossexual ou bissexual.

Capítulo 18: Os Primeiros Cristãos

Muitos cristãos podem não estar cientes de que Jesus tinha irmãos, e de acordo com alguns textos gnósticos antigos, ele teria até um irmão gêmeo. Essa ideia levanta questões sobre as histórias apresentadas por vários grupos cristãos atualmente. Será que seu irmão gêmeo o substituiu na cruz enquanto ele fugia? Ele escapou da prisão por pregar uma filosofia de amor e compaixão ou por se envolver em relacionamentos inadequados? Marcos 14:51-52 diz: "Um jovem vestido apenas com roupas de linho seguia Jesus. Quando o prenderam, ele fugiu nu, deixando sua roupa para trás".

A pederastia era uma prática comum na Grécia Antiga, o que provavelmente influenciou as histórias do Novo Testamento. Acredita-se que muitas figuras famosas da Grécia Antiga, como Sócrates, tenham praticado a pederastia. Não seria surpreendente que a cultura grega tenha influenciado as histórias que criaram, fazendo-nos questionar se essa figura mítica — que supostamente andou sobre as águas, curou cegos e ressuscitou os mortos — realmente existiu. De acordo com o Novo Testamento, ele também pode ter se envolvido em pederastia, algo que os tradutores deliberadamente reinterpretaram.

Entretanto, parece que muitas pessoas hoje em dia estão mais obcecadas com suas concepções errôneas do que com a verdade. Em alguns casos, elas se sentem ofendidas quando confrontadas com a realidade de que Jesus não era branco, mas provavelmente se parecia com as pessoas que costumam evitar nas ruas da Europa e dos EUA. Muitos cristãos estão convencidos de que um homem loiro, de olhos azuis e cabelos curtos, parecido com um italiano ou um inglês, andou por Israel, realizou milagres e passou despercebido, exceto por doze seguidores.

Outro aspecto fascinante de Jesus que muitas vezes é esquecido é o fato de ele gostar de reuniões sociais. Ele não transformava água em chá ou suco de laranja, mas sim em vinho, o que sugere que ele não tinha escrúpulos em proporcionar entretenimento às pessoas. Será que os gregos estavam tentando satisfazer os desejos das massas com essas histórias? O pão e o vinho continuam a ser elementos valorizados na cultura europeia moderna, embora as reinterpretações da Bíblia possam exigir a inclusão de queijo de cabra para ter mais repercussão entre os cristãos europeus, que preferem representações de sua própria identidade.

Os antigos gnósticos acreditavam que Maria Madalena, assim como outras pessoas, fugiu para o sul da França após a crucificação. Acredita-se que ela tenha formado um grupo chamado cátaros. Os cátaros eram considerados os verdadeiros herdeiros dos ensinamentos de Cristo e, portanto, foram perseguidos e, por fim, erradicados pelo Vaticano. Em 13 de maio de 1239, a Inquisição condenou 183 cátaros, homens e mulheres, à fogueira, e seus textos religiosos foram destruídos. Os cátaros fizeram várias tentativas de se reorganizar e recrutar mais seguidores, mas seu renascimento terminou com a execução de seu último líder, Peire Autier, em abril de 1310. O último cátaro conhecido, Guillaume Bélibaste, foi executado no outono de 1321.

Após esses eventos, os cátaros desapareceram da vista do público e se tornaram clandestinos. Muitos acreditam que os ensinamentos dos cátaros influenciaram o rosacrucianismo. O rosacrucianismo moderno representa um renascimento da fé cátara, combinada com elementos das escolas de mistérios egípcias e dos estudos pitagóricos. Ele pode ser visto como uma tentativa desajeitada de reinterpretar e reviver escritos perdidos. Mais tarde, a Maçonaria foi fundada pelos rosacruzes, juntamente com muitos dos chamados derivados dos Illuminati. Esses grupos surgiram de tentativas semelhantes de compreender o passado. Eles receberam o título de "iluminados" devido à natureza de seus estudos, que envolviam a compreensão de ensinamentos antigos suprimidos pelas forças das trevas, simbolizadas pela ignorância e sua institucionalização na forma do catolicismo romano.

Para esses indivíduos, o papa era visto como um representante óbvio do anticristo, atuando contra a verdade e o esclarecimento. Esses movimentos foram inspirados pelo Renascimento, um movimento cultural impulsionado por figuras influentes como Leonardo da Vinci, Michelangelo Buonarroti, Raphael Sanzio, Thomas More, Nicolau Copérnico, Galileu Galilei, William Shakespeare, Paracelso e Giordano Bruno, entre muitos outros. Entretanto, o Renascimento enfrentou a repressão do Vaticano, que resultou no assassinato de muitas figuras notáveis por se manifestarem contra os dogmas da religião institucionalizada e a intolerância religiosa. Assim, surgiu a necessidade de grupos ocultistas, como os maçons e os rosacruzes, em resposta a essa perseguição. Foi também nessa época que a Reforma Protestante começou a se enraizar.

Hoje, grande parte dessa história está perdida, e muitos grupos voltaram aos ensinamentos católicos originais, perpetuando a narrativa promovida pelo Vaticano. Enquanto isso, a escola rosacruciana AMORC e os maçons mantêm rituais que parecem reviver práticas do antigo Egito. Um desses costumes é o uso de aventais. Muitos hieróglifos egípcios retratam seus "deuses" alienígenas usando aventais, e os sacerdotes do antigo Egito usavam aventais semelhantes como um sinal de fidelidade aos "deuses" e como um distintivo de sua autoridade.

Capítulo 19: O Cristianismo e a Realidade

O cristianismo parece cada vez mais divorciado da realidade. Muitos dos chamados "cristãos nascidos de novo" discutem os textos gnósticos como se fossem obras do demônio e se opõem ao cristianismo. Na verdade, os textos gnósticos revelam o engano em massa no qual o cristianismo se tornou, independentemente da versão da história que se escolha seguir. É surpreendente como esses cristãos que afirmam seguir os verdadeiros ensinamentos em oposição à doutrina católica negam suas origens, sabem pouco sobre os cátaros, rejeitam Maria Madalena como a discípula favorita de Cristo e usam palavras de forma errônea para confundir as massas sobre a verdade, em vez de representá-la.

Todos têm o direito de acreditar no que quiserem, mas é desanimador ver tantos cristãos tentando me convencer de falsidades e agindo de forma infantil quando provo que estão errados. Eles não conseguem se envolver em um diálogo honesto, a menos que a pessoa à sua frente seja muito ingênua para perceber seu engano. Em vez disso, como crianças, eles geralmente param de falar comigo quando percebem que não têm argumentos para rebater os meus. Eles me toleram apenas quando se sentem mais bem informados.

Embora eu não tenha crenças religiosas específicas e não force ninguém a aceitar o que não deseja acreditar, é absurdo apresentar falsidades e depois recuar quando exponho as mentiras. A maioria das pessoas das religiões abraâmicas parece ter um nível cognitivo semelhante ao de uma criança, incapaz de lidar com a presença de alguém que nunca aceitará suas superstições e fantasias. Esses indivíduos estão tão profundamente hipnotizados por sua religião que não conseguem enxergar além das mentiras que lhes foram contadas, especialmente quando dedicaram suas vidas a esses enganos e até se casaram dentro de suas congregações.

Eles se envolveram emocionalmente demais para abandonar as falsidades e preferem se apegar a elas até morrer. Como já observei muitas vezes, alguns não acreditam verdadeiramente no que lhes é dito; eles apenas fingem para manter suas famílias felizes e entretidas. Entretanto, o Evangelho de Filipe, parte das escrituras de Nag Hammadi, é muito claro ao afirmar: "O Senhor amava Maria mais do que os discípulos, e muitas vezes a beijava na boca". Essa passagem sugere que Maria Madalena era igual a Jesus, iniciada por excelência, e o beijo simboliza essa profunda comunhão. O beijo representa o sopro de conhecimento que Jesus transmite a Maria Madalena, designando-a como sua retransmissora e nova mensageira após sua morte.

Essa interpretação é bastante óbvia, mas a maioria dos cristãos não a vê porque seus pregadores não a ensinam. Essas pessoas estão cegas por figuras de autoridade e dogmas, tornando-se incapazes de pensar por si mesmas. Essa incapacidade de enxergar significados mais profundos é especialmente evidente quando se discutem certas passagens sobre anjos com cristãos. Por exemplo, li trechos do Evangelho de Judas para cristãos e perguntei o que eles achavam sobre anjos viajando em nuvens. A resposta geralmente era: "Bem, é sobre um anjo voando em uma nuvem. O que mais eu deveria pensar?" Quando eu perguntava se eles não achavam que poderia se tratar de extraterrestres, eles respondiam imediatamente: "Ah, você é uma daquelas pessoas que acreditam em extraterrestres? Ah, sim!"

Para eles, parece muito mais plausível acreditar em seres alados voando em nuvens cercadas por estrelas brilhantes do que alimentar a ideia de vida extraterrestre. Essa preferência por narrativas fantásticas em vez de interpretações lógicas evidencia uma preocupante desconexão cognitiva. Muitos preferem ouvir falar de sóis em movimento e estrelas-guia a considerar as implicações da tecnologia alienígena avançada. A ideia de um Deus voando por entre as nuvens é mais aceitável para muitos do que a ideia de uma espaçonave alienígena, evidenciando as limitações cognitivas da maioria. Para esses cristãos, é ainda mais difícil confrontar o que sua própria Bíblia diz sobre Deus, que eles geralmente confundem com o Deus verdadeiro.

De acordo com muitos entrevistados, os extraterrestres têm crenças religiosas diferentes das nossas. Eles acreditam em um "Criador" semelhante àquele de quem Jesus falou e, assim como Jesus, veem toda a humanidade como filhos do mesmo Criador. Eles não adoram anjos, deuses ou santos. Essa perspectiva é consistente com o budismo, que também tem uma força unificadora semelhante ao Espírito Santo no catolicismo. Essa criação inteligente opera de acordo com sua própria vontade e leis, que podem ser observadas na natureza e no cosmos.

Isso não significa, entretanto, que um sistema de crenças falso não possa produzir resultados. Por exemplo, uma mulher nas Filipinas rezou por quatro anos para um personagem de desenho animado chamado Shrek, acreditando que ele era Buda. Da mesma forma, muitos budistas na Tailândia, China e outras regiões rezam para figuras mitológicas que nunca existiram, considerando isso uma forma legítima de prática religiosa. Em alguns países, como já observei, eles rezam para sua própria nobreza.

Capítulo 20: A Verdade em Meio a Contradições

A pesar das contradições existentes nas muitas religiões do mundo, parece haver uma predisposição entre a população para adorar algo, talvez um resquício de suas origens como seres subservientes a entidades alienígenas. Buda ensinou o caminho para a iluminação e enfatizou que ser budista é cultivar esse caminho dentro de si mesmo, não adorar uma estátua. Da mesma forma, a adoração de vacas não está intrinsecamente ligada ao hinduísmo, mas muitos hindus se envolvem nessa prática. O Islã não defende decapitações ou conflitos intermináveis com os cristãos, mas alguns indivíduos dessa fé o fazem. A Cientologia não sugere que se deva fazer amizade com alguém somente se essa pessoa pagar por um serviço, mas esse comportamento é observado com frequência. Os maçons e os rosacruzes afirmam ser as organizações mais inclusivas, mas essa inclusão geralmente exclui pessoas muito inteligentes ou curiosas. Eles preferem indivíduos menos propensos a questionar seus ensinamentos, mesmo quando essas perguntas expõem mentiras ou interpretações errôneas.

Esse cenário é predominante em vários sistemas de crenças, e é por isso que não há religiões baseadas no conhecimento verdadeiro. Todas são movidas por suposições egoístas, escuridão, arrogância e ignorância. Aqueles que se consideram importantes geralmente enxergam aqueles que sabem mais como uma ameaça. Trata-se de um truque psicológico que a mente utiliza quando não consegue enfrentar suas próprias limitações, obscurecidas pelo ego. Os arrogantes nunca perceberão o que não querem entender, devido à sua falta de humildade e disposição para aprender.

Isso não significa, entretanto, que não possamos descobrir verdades em meio a dogmas. Como a natureza humana se manteve consistente ao longo de milhares de anos, muitas histórias e ensinamentos ainda são válidos. Além disso, se você orar ao Criador e considerar o conceito do Espírito Santo como a intervenção do Criador por meio de você, reconhecendo-se como cocriador de sua realidade, pode parecer confuso no início, mas essa perspectiva pode levar a uma compreensão mais profunda de como a religião sequestrou a verdade.

Ao criar, você encarna o papel de um criador; ao interferir na vida de outra pessoa por meio de ações ou pensamentos, você age como um deus. O Deus-Criador é uma interpretação mais ampla e profunda desse conceito. Os anjos, os alienígenas, as almas dos falecidos e várias outras entidades que muitos interpretam como manifestações de Deus fazem parte de um espectro universal da vida. As pessoas que afirmam se comunicar com Deus podem, na verdade, estar se comunicando com almas falecidas ou recebendo mensagens telepáticas de extraterrestres.

É importante observar, entretanto, que nem todas as entidades têm intenções benevolentes. Muitas pessoas não têm o discernimento necessário para reconhecer isso, principalmente quando presumem que suas crenças religiosas lhes garantem que tudo o que ouvem e pensam vem de Deus. Essa suposição pode tornar o cristão comum mais suscetível à possessão demoníaca, pois ele acredita estar em comunicação direta com sua divindade. A esse respeito, é interessante observar que a meditação, frequentemente descrita pelos cristãos como uma porta de entrada para entidades e possessões demoníacas, pode ser um dos métodos mais eficazes para reconhecer o eu divino interior e alcançar uma forma mais pura de comunicação com a Fonte, ou seja, o verdadeiro Deus, o Criador do universo.

Por meio da meditação, as pessoas podem transcender o dogma e começar a expor as mentiras que lhes foram contadas. A meditação também permite reconhecer a manifestação do Terceiro Olho. Abrir o Terceiro Olho permite que a pessoa enxergue o que antes estava escondido por trás de palavras, interpretações errôneas e conceitos, bem como mentiras e ensinamentos falsos. No budismo, a meditação não é apenas um ato de esvaziar a mente, mas um método de união com o Criador do universo. A prática tem como objetivo nos libertar dos julgamentos, dogmas e pensamentos que obstruem esse processo. Como é possível aprender sem a disposição necessária?

O desafio em nosso mundo é que muitas pessoas estão muito distantes da verdade por causa das mentiras que lhes foram contadas e, muitas vezes, rejeitam a verdade quando ela lhes é apresentada. Para entender os ensinamentos de Jesus, é necessário estudar os Evangelhos de Nag Hammadi, especialmente as referências a Maria Madalena, considerada por Jesus como a mais sábia de seus seguidores. Os Evangelhos da Bíblia foram interpretados e traduzidos erroneamente tantas vezes que muito se perdeu na tradução, gerando confusão e suposições falsas. Muito do que as pessoas consideram ser o cristianismo hoje é, na verdade, uma interpretação medieval. Se as pessoas hoje lutam para entender esses textos, podemos imaginar as dificuldades enfrentadas por aqueles que tentaram entendê-los há milhares de anos, quando a alfabetização era escassa.

Capítulo 21: Das Escrituras à Revelação

A obsessão histórica com a Bíblia é um fenômeno que tem suas raízes na disponibilidade limitada de textos por séculos. Os escritos que acabaram se tornando a Bíblia estavam entre os poucos disponíveis, e qualquer nova informação que surgisse era frequentemente suprimida, resultando em ignorância generalizada. Somente aqueles que entendiam latim ou grego podiam interpretar os textos originais, que geralmente ficavam em mosteiros e eram inacessíveis ao público em geral. Hoje, qualquer pessoa pode baixar facilmente esses textos em seu telefone e lê-los em qualquer lugar, mas muitas optam por não fazê-lo por falta de interesse. As pessoas geralmente preferem que lhes digam o que pensar, o que é surpreendente, dada a grande quantidade de traduções de textos cristãos originais atualmente disponíveis.

Graças à inteligência artificial e a vários aplicativos de tradução on-line, qualquer pessoa pode traduzir facilmente os escritos originais e fazer suas próprias interpretações, sem seguir cegamente os dogmas impostos. Entretanto, essa abordagem exige uma mudança em nossa percepção da religião e de nosso próprio progresso espiritual. Somente nas últimas décadas o véu começou a se levantar, permitindo que as pessoas vislumbrassem o que antes estava oculto. À medida que mais evidências arqueológicas e pesquisas de DNA vêm à tona, adquirimos uma compreensão mais profunda de nossa verdadeira natureza, de nossas origens e do propósito de nossa criação.

Embora a ciência ainda esteja em sua infância, descobertas significativas nos últimos anos tornaram obsoletos muitos livros existentes. Lembro-me de uma época em que os alunos da minha classe me faziam perguntas sobre biologia e se surpreendiam com as minhas respostas, que contradiziam o que a professora havia ensinado. Eles fizeram suas próprias pesquisas e comparações e perceberam que eu estava certo, enquanto a professora estava errada. Quando confrontada, a professora teve dificuldade em responder, pois estava seguindo o livro didático. Os alunos ficaram chocados e me perguntaram na aula seguinte: "Como é possível que você saiba mais do que a nossa professora de biologia, que nem é a sua área de especialização?"

Eu respondi: "A resposta é simples. Estou sempre aprendendo sobre novas descobertas, enquanto a sua professora repete o mesmo livro didático há décadas — provavelmente o mesmo que lhe foi atribuído por seus próprios professores. Isso representa décadas de ignorância em comparação com o progresso dos últimos anos."

Como já observei muitas vezes, o mundo está mudando muito rápido para muitas pessoas que caminham sonolentas pela vida. Elas geralmente acordam tarde demais para enfrentar seus próprios pesadelos, pois permaneceram na ignorância por tempo demais.

Isso pode explicar por que elas se recusam a acordar e, em vez disso, insultam aqueles que, como eu, desafiam suas crenças. Já fui insultado por pessoas de todos os grupos religiosos que conheci, pois muitos preferem permanecer ignorantes a despertar para a verdade. Elas priorizam a aceitação e a necessidade de se sentirem importantes, em vez de buscar a verdade. Nesse contexto, a pessoa comum parece deliberadamente ignorante.

A ignorância é um grande desafio não apenas para os religiosos, mas também para os cientistas. Muitos cientistas são dogmáticos em suas crenças por motivos semelhantes aos dos religiosos. Eles geralmente ficam perplexos com os escritos e achados arqueológicos em Marte e na Lua, pois essas descobertas desafiam sua compreensão da evolução humana e da história das civilizações. A possibilidade de interferência extraterrestre enfraquece o conceito de uma linha do tempo linear e de progresso, conforme descrito em vários textos científicos.

Essa interpretação linear também predomina entre os estudiosos religiosos, que muitas vezes ignoram a complexa interação entre verdades históricas, interpretações religiosas e a tendência humana de se apegar a crenças e fantasias que podem não ser consistentes com a realidade. As pessoas neste planeta não estão preparadas para enfrentar um colapso completo de suas crenças, o que torna a relação entre ciência e religião mais complexa. Os seres humanos têm uma inclinação natural para a simplicidade e, quanto menos informados estão, mais gravitam em torno de explicações simplistas. Entretanto, nossas vidas são confusas e nossa história é complicada, marcada pela influência de vários seres extraterrestres ao longo de nossa jornada como espécie.

O aspecto positivo disso é que, se considerarmos o conceito de um apocalipse conforme descrito na Bíblia, podemos concluir que vivemos atualmente uma época assim. Estamos sendo expostos a muitas verdades que antes estavam ocultas para nós. Hoje, não são os ignorantes que não conseguem enxergar, mas os cegos: aqueles que são arrogantes, incapazes de pensar por si mesmos e repletos de ideias e suposições falsas. O termo "apocalipse" significa revelação e se refere à revelação da verdade óbvia para quem está disposto a aprender. É algo positivo, não algo ruim, como geralmente é retratado nos círculos religiosos.

Capítulo 22: Crenças Espirituais

O misticismo que envolve Jesus está associado à Era de Peixes, que terminou em 2020. Durante esse período, o mundo se uniu sob um medo comum, já que o medo serve como uma poderosa força polarizadora, exatamente o oposto do amor, termo que muitas vezes é usado de forma errônea e excessiva, sem a devida compreensão na sociedade atual. O conceito de amor tem sido usado para descrever compaixão e empatia, que parecem ter pouco significado no mundo egoísta e narcisista de hoje.

À medida que o narcisismo aumenta, a distinção entre narcisistas e empatas se torna mais pronunciada, revelando aqueles que são favorecidos pelo Criador — os escolhidos — e aqueles que abraçaram as trevas. O contraste entre a luz e as trevas, ou os escolhidos e os rejeitados, não poderia ser mais evidente. Os escolhidos transcendem o dogma e a filiação a organizações religiosas. São bondosos, capazes de enxergar os outros por meio de suas almas, não por sua cor de pele ou nacionalidade, e os aceitam por suas qualidades, não por seu status social.

Em contraste, aqueles que abraçam o lado sombrio são obcecados pela validação social, inconscientes de sua ignorância, arrogantes, presunçosos e discriminatórios com base em suas crenças, não na compreensão. Os que estão nas trevas não têm compaixão, pois seu amor é condicional, geralmente vinculado à afiliação religiosa. No entanto, as diferenças entre os que estão prontos para ascender e os que não estão também podem ser vistas claramente em suas crenças. Somente os que estão nas trevas buscariam a salvação em uma fonte externa, em vez de cultivar a sabedoria para se salvar e ajudar os outros a fazer o mesmo.

Alex Collier, ex-piloto do Exército dos EUA e orador público, afirma ter passado três meses a bordo de uma espaçonave extraterrestre. Ele alerta que a Segunda Vinda de Cristo está sendo orquestrada pelos alienígenas Greys em conjunto com certas entidades secretas da Terra, que usarão um clone humano com as memórias de todas as religiões do planeta. Essa manipulação é possível porque as pessoas da Terra são suscetíveis a enganos, confiando frequentemente em textos (como a Bíblia ou o Alcorão) escritos por indivíduos que receberam informações telepáticas de alienígenas, interpretando-as como verdades divinas.

Historicamente, os seres humanos têm aceitado qualquer coisa apresentada como celestial ou de dimensões paralelas como inerentemente boa e divina, o que os torna suscetíveis à corrupção e à escravização. Porém, dada a tecnologia avançada dos alienígenas, é relativamente fácil para eles se apresentarem como anjos, Jesus ou qualquer outra imagem holográfica, dependendo dos implantes de uma pessoa. Essa capacidade pode fazer com que indivíduos ingênuos, com fortes vínculos religiosos, caiam em seus enganos.

Além disso, como esses seres também podem manipular o tempo, eles podem construir enganos históricos que são implantados na psique coletiva das massas, fazendo com que elas os percebam como salvadores, e não como adversários.

Esse implante coletivo é reforçado ao longo de gerações e em todas as culturas do planeta. Portanto, embora alguns acreditem que, à medida que o planeta se move para uma vibração mais elevada, o restante da população será puxado junto com ele, aumentando suas habilidades cognitivas, esse não é necessariamente o caso, pois os seres humanos têm livre-arbítrio. Mesmo que o planeta se mova para a 4ª dimensão, uma humanidade entorpecida e apática, drogada com produtos químicos e obcecada por dogmas, pode não ser capaz de receber os insights e as energias espirituais trazidas por essa mudança. Eles podem até resistir a essas mudanças e permanecer em uma densidade de nível inferior, submetendo-se voluntariamente a agendas que não têm seus melhores interesses em mente e que podem até colocar suas vidas em perigo.

Como já vimos muitas vezes, uma parcela significativa da população está mais disposta a aceitar a opressão do que enfrentá-la. Essas circunstâncias também podem surgir porque um pequeno segmento da população, enganado pela ganância e pela promessa de vida eterna, fez acordos com certas raças alienígenas para seu próprio benefício e para o futuro de suas famílias. Esses mesmos indivíduos estão por trás do que agora é chamado de "Redefinição Global" para os "Objetivos de Desenvolvimento Sustentável" promovidos pelas Nações Unidas, que são anunciados como o desenvolvimento de uma utopia para a civilização terrena. Isso inclui a agenda de despovoamento por meio de pandemias projetadas, como as que testemunhamos em 2020 e 2021.

Por mais de um ano, governos e cientistas mentiram para a população, alegando que a pandemia não era causada pelo homem. Qualquer pessoa que dissesse o contrário era censurada, banida das mídias sociais e alvo de ridicularização. Somente muito mais tarde as autoridades finalmente admitiram que se tratava de um vírus geneticamente modificado. No entanto, rapidamente mudaram seu foco para campanhas que visavam garantir que todos recebessem uma das vacinas aprovadas.

Capítulo 23: Revelando Agendas Ocultas

Logo depois que os cidadãos norte-americanos foram vacinados contra a COIVD-19, quase quatro mil pessoas morreram. Embora muitos afirmassem que não havia correlação, os dados do Escritório Central de Estatísticas de Israel mostraram um aumento de 22% na mortalidade geral em janeiro e fevereiro de 2021, no auge da campanha israelense de vacinação em massa. Esse foi o período mais mortal da última década, com as maiores taxas de mortalidade geral em comparação com os meses correspondentes dos 10 anos anteriores. Estima-se que muitos outros morrerão nos próximos anos devido aos danos permanentes causados por essas vacinas ao sistema imunológico e aos órgãos vitais.

No entanto, a pressão pela vacinação obrigatória da população não termina aqui, pois faz parte da Agenda de Imunização 2030 (IA2030) para enfrentar os "desafios da próxima década". Por trás desses chamados "desafios" estão metas específicas, pois o slogan da Organização Mundial da Saúde, "não deixe ninguém para trás", deixa claro que a intenção é forçar todos à "eutanásia voluntária" por meio de um esforço coordenado globalmente entre governos e várias instituições de saúde.

A razão para isso é que, mesmo que algumas raças alienígenas queiram controlar o planeta e manter os humanos obedientes às suas exigências, elas não precisam de uma grande população, pois a existência de bilhões de humanos dificulta o gerenciamento de tantos indivíduos. Com a tecnologia de clonagem, não há necessidade de manter grandes massas da população em servidão, pois novos seres humanos podem ser simplesmente projetados sob demanda, da mesma forma que se constrói qualquer outra máquina, como robôs. Na verdade, os robôs estão se tornando tão avançados que estão tornando cada vez mais humanos obsoletos, já que a grande maioria da população simplesmente não é mais necessária devido à sua falta de criatividade e baixa capacidade cognitiva.

Enquanto isso, alguns dos chamados "cultos de cristãos recém-nascidos", como as Testemunhas de Jeová, acreditam que "Jeová e Jesus querem trazer nossos entes queridos de volta à vida" (In Jw.org), pois é fácil enganar as pessoas com a tecnologia de clonagem e a capacidade de restaurar as memórias do falecido em um novo ser. Essa crença é semelhante à de várias outras religiões abraâmicas, incluindo o cristianismo, o islamismo, o judaísmo, o babismo, a fé bahá'í, o druzismo, o samaritanismo, o shabakismo e o rastafári, entre outras.

O que esses grupos não entendem é que não é possível restaurar a alma e que há uma diferença entre espírito e memória. Duas pessoas podem ter as mesmas memórias e, ainda assim, continuar sendo indivíduos distintos. Como resultado, todas essas religiões se preparam para uma ilusão coletiva, na qual são enganadas por um evento único. O genocídio de grande parte da população da Terra, seguido pela escravização da humanidade remanescente sob a autoridade religiosa dos Greys e Draconianos (alienígenas humanoides com DNA reptiliano), pode marcar um momento significativo de reinício na história mundial.

De acordo com Alex Collier, essa "reinicialização" também direciona as várias religiões em uma direção específica, porém unificada. Ao criar religiões que levam os seres humanos a buscar intervenção divina, os alienígenas malévolos são bem recebidos quando tentam exercer controle sobre eles. Essa estratégia retira a responsabilidade da raça humana na Terra e permite que esses alienígenas controlem os humanos sem consequências cármicas, evitando a interferência de outros alienígenas que tentam salvá-los da escravidão e da estagnação espiritual.

Infelizmente, a maioria das pessoas é apática demais, presa em suas rotinas e empregos das 9h às 17h, obcecada por aquisições materiais e, portanto, não está interessada em evoluir ou se envolver com novas informações. Essa apatia dificulta muito o trabalho dos andromedanos, pleiadianos e outras raças benignas, bem como das sementes estelares no planeta. Muitos especialistas afirmam que os alienígenas draconianos têm a capacidade de mudar de forma, parecendo e falando como humanos, para enganar seus contatos e fazê-los acreditar que estão se comunicando com anjos, alienígenas benevolentes ou até mesmo com humanos de boa aparência. Eles fazem isso porque sabem que sua aparência natural assustaria os humanos.

Acredita-se que os humanos altos, brancos e de aparência nórdica que contataram os nazistas para ajudá-los a desenvolver novas tecnologias eram, na verdade, ETs draconianos. Acredita-se também que os Greys Zeta Reticuli, que possuem as mesmas habilidades de mudança de forma e podem aparecer como humanos ou anjos para seus abduzidos, trabalham para os draconianos. Collier explica que os draconianos são uma civilização guerreira que busca conquistar toda a galáxia.

Capítulo 24: A Influência Draconiana

De acordo com Alex Collier, os draconianos têm aparência humanoide, semelhante à dos nossos dinossauros, mas com uma forma diferente. Eles podem ter evoluído para essa forma a partir da genética dos nossos dinossauros, assim como nós, humanos, evoluímos a partir da genética dos primatas. Suas habilidades telepáticas lhes permitem realizar ilusões precisas, transformando-se em uma forma relacionada àquela com a qual o indivíduo que está sendo contatado se sente mais confortável. Isso pode incluir a aparência de um ente querido falecido ou de uma figura mitológica ou divina. O que faz com que a pessoa baixe suas defesas psicológicas e acredite de todo o coração é o que aparecerá, e isso inclui qualquer forma de milagre aparente, conforme descrito pelos cristãos.

A atitude draconiana em relação a outras raças, incluindo os humanos, está relacionada à sua visão de vida. Como uma raça guerreira galáctica, eles se veem como práticos e não conseguem ter empatia com os humanos, pois enxergam a humanidade na Terra como autodestrutiva e agressiva em relação ao planeta, que é um recurso precioso e muito valioso para eles. Embora apenas um subgrupo de sua raça deseje controlar os humanos, sua verdadeira intenção é possuir e proteger a Terra, o que pode explicar seu desejo de exterminar a grande maioria da humanidade.

Além de serem uma força de trabalho escrava fraca e uma fonte de alimento potencialmente insalubre, os humanos têm pouco valor para essa raça. Os humanos não cuidam suficientemente bem de seus corpos para serem considerados uma fonte de alimento viável. Os draconianos são carnívoros e não gostam de comer carne morta, preferindo animais vivos. Eles podem comer humanos, mas têm preferência por bebês, pois sua carne não está contaminada pelo tipo de alimento que os adultos consomem nem por produtos químicos.

De acordo com Alex Collier, muitas crianças em todo o mundo desapareceram para alimentar esses seres devido a acordos com os Grays, pelos quais os governos recebem tecnologia em troca de seu acobertamento ou assistência, incluindo tecnologia militar, tecnologia de espaçonave (que permite viagens espaciais) e tecnologia de viagem no tempo (que permite que a inteligência dos EUA conduza investigações enviando pessoas de volta no tempo ou para o futuro).

Em 25 de outubro de 2019, o FBI divulgou mais de 300 páginas sobre uma rede de tráfico de crianças com supostos vínculos com a CIA. Ted Gunderson (ex-diretor do FBI), que investigou esses casos e muitos outros, encontrou "vários túneis" sob várias cidades dos Estados Unidos ligados ao tráfico de crianças e assassinatos. Em um discurso público, Gunderson afirmou: "A CIA faz com que a máfia pareça uma aula de escola dominical... A CIA está por trás de quase todos os ataques terroristas nos Estados Unidos".

Segundo ele, a CIA estava por trás dos ataques terroristas ao World Trade Center, e todas as outras agências de inteligência sabiam disso, inclusive o Mossad de Israel e o MI5 da Grã-Bretanha. Esses ataques, segundo ele, foram criados para influenciar novas restrições às liberdades civis e permitir a vigilância dos cidadãos americanos. Com as mudanças na lei e após os muitos ataques terroristas, a NSA agora tem a capacidade de monitorar cada pessoa nos EUA.

Gunderson acabou sendo envenenado com arsênico pela CIA, como acreditam os especialistas com base em vários sinais em seu corpo após a morte. Um dos efeitos do envenenamento por arsênico é o câncer, e é por isso que a CIA o usa, pois faz com que a morte pareça natural. A CIA foi implicada no assassinato de várias pessoas que tentaram divulgar informações sobre os acordos do governo dos EUA com seres extraterrestres, inclusive a icônica atriz Marilyn Monroe. Essa alegação é apoiada por um memorando da CIA datado de 3 de agosto de 1962 — apenas dois dias antes de Monroe ser encontrada morta por overdose de drogas. O memorando se refere a uma conversa grampeada entre Monroe e um repórter, na qual ela expressou sua intenção de revelar segredos relacionados a "coisas do espaço sideral" em uma próxima coletiva de imprensa (no documentário "Unacknowledged").

Um ano depois, em 1963, a CIA orquestrou o assassinato do presidente dos EUA John F. Kennedy, usando três assassinos diferentes, incluindo Lee Harvey Oswald e seu próprio motorista,

William Greer. Oswald foi posteriormente baleado por Jack Ruby, que pretendia impedi-lo de revelar suas conexões com a CIA. Ruby morreria na prisão apenas quatro anos depois. Relatórios após esse incidente indicam que Ruby ficou "desaparecido por um período de cerca de vinte a vinte e cinco minutos antes de ser visto novamente após o assassinato", sugerindo que ele pode ter sido coagido a matar Oswald. Essa possibilidade é reforçada pelas repetidas afirmações de Ruby de que sua vida estava "em perigo" e seu desejo de "dizer a verdade". Ruby acabou morrendo de câncer, que pode ter sido causado pela CIA para impedi-lo de falar.

Capítulo 25:
Escravização Humana

Em 27 de fevereiro de 2012, o WikiLeaks começou a publicar os Arquivos de Inteligência Global, com mais de cinco milhões de e-mails da empresa de inteligência global Stratfor, sediada no Texas. Esses e-mails revelam operações de inteligência confidenciais de grandes corporações, como a Dow Chemical Co. de Bhopal, a Lockheed Martin, a Northrop Grumman e a Raytheon, bem como de agências governamentais, como o Departamento de Segurança Interna dos EUA, os Fuzileiros Navais dos EUA e a Agência de Inteligência de Defesa dos EUA. Um dos documentos, datado de 12 de novembro de 1963 — apenas dez dias antes do assassinato de Kennedy —, está relacionado ao encobrimento do fenômeno OVNI/alienígena. Ele revela que o presidente Kennedy solicitou uma revisão da classificação de todos os arquivos da CIA sobre OVNIs que pudessem afetar a segurança nacional.

Kennedy se opôs ao sigilo e procurou informar o público sobre a vida extraterrestre, o que entrou em conflito com a política da CIA estabelecida por acordos com presidentes anteriores e certas raças extraterrestres. Esse conflito pode ter sido um fator significativo na decisão da CIA de assassiná-lo em plena luz do dia, funcionando como um aviso severo para quaisquer outros políticos que considerem ações semelhantes no futuro. No entanto, devemos nos perguntar por que os mesmos sistemas de controle e escravidão persistem hoje e por que as pessoas continuam a ser prejudicadas pela guerra biológica, como visto no passado com vírus criados em laboratório, como a AIDS e a COIVD-19.

A resposta para essas perguntas é simples: o sistema contínuo de controle, repressão e opressão existe porque os seres humanos na Terra continuam valiosos para as mesmas raças que os escravizam. Embora a posse dessa corporação chamada Terra tenha mudado de mãos ao longo dos milênios sem o conhecimento público, assim como a maioria das pessoas não percebe a substituição do CEO de uma grande marca, a resposta para essas perguntas é simples. É fascinante observar que as pessoas ainda valorizam metais como o ouro, conhecidos por serem supercondutores e por estarem associados à espiritualidade e à energia vital. Entretanto, a maioria dos países atualmente tem muito pouco ouro, pois ele foi adquirido por várias partes ao longo dos anos e desapareceu em grande parte. O ouro que temos agora vem das mesmas minas antigas, mas isso não significa que temos a mesma quantidade de ouro de antes. Hoje, a moeda de troca é o dinheiro.

Além disso, por que as pessoas deveriam permanecer escravizadas quando há tecnologia suficiente para libertar a sociedade dessas condições? Por que a energia livre é suprimida, negada e proibida? Muitas pessoas acreditam que é normal passar a vida inteira escravizadas por um trabalho que consome muito tempo, mas, se não tivessem que trabalhar, teriam a oportunidade de se educar e ler mais. Aqueles que afirmam que a leitura excessiva é prejudicial e leva à confusão estão enganados, assim como os que acreditam que um único livro é suficiente para o conhecimento completo. É igualmente absurdo afirmar que a leitura e a espiritualidade são incompatíveis, uma noção que encontro com frequência em todo o mundo. Muitas vezes, as pessoas pensam que somente a fé é suficiente ou, pior ainda, que dinheiro e espiritualidade não podem coexistir, pois um verdadeiro ser espiritual não se preocupa com riqueza material. Essa última crença é a mais equivocada de todas, pois não se pode aprender sobre o espírito enquanto se trabalha o tempo todo. A única razão pela qual tenho dias, semanas e meses inteiros para ler o que quiser é o fato de ter negócios que geram renda passiva.

Aqueles que argumentam que espiritualidade e dinheiro não têm nada a ver um com o outro geralmente não têm tempo para nada e, em média, terminam apenas um livro por ano ou até mesmo durante toda a vida. São como animais treinados, repetindo o que foram condicionados a acreditar, mesmo que não faça sentido. A maioria das pessoas que conheço e dizem ler livros não se envolvem com a literatura porque não têm tempo. Em vez disso, mergulham em programas de televisão e passam os fins de semana bebendo com pessoas que compartilham sua ignorância. Nesses círculos sociais, elas reforçam as falsas crenças umas das outras, criando um falso senso de importância que pode durar toda a vida. Elas sabem pouco além do que lhes foi dito para acreditar e não demonstram simpatia pela verdade nem interesse em aprender.

Se você apresentar a uma pessoa assim evidências, análises e percepções de suas leituras, ela poderá rotulá-lo de louco.

Na sociedade atual, saber demais é muitas vezes considerado insanidade, enquanto a ignorância é considerada sabedoria, pois as pessoas seguem o rebanho. Aqueles que dedicam seu tempo a aprender sobre assuntos ignorados pela maioria geralmente são considerados excêntricos. Mas por que desejaríamos manter bilhões de pessoas em um estado de absoluta ignorância, distraídas com assuntos triviais, a menos que a Terra seja um planeta-prisão rico em recursos?

Capítulo 26: As Origens da Alma

Muitas pessoas perguntam: "Se a reencarnação existe, de onde vêm todas as almas?" A resposta é simples: de outros planetas. Você já notou que, à medida que a população aumenta, aumentam também o descontentamento, o racismo, a xenofobia e a discriminação? Isso ocorre porque muitas pessoas sentem instintivamente que não pertencem a este lugar. Os alienígenas que criaram e escravizaram a humanidade entenderam que precisavam manter seres espirituais permanentemente ligados aos corpos humanos para animá-los e torná-los inteligentes o suficiente para realizar seu trabalho. Assim, eles trouxeram criminosos de outros sistemas estelares e outros indivíduos indesejáveis para ocupar os corpos na Terra.

Os humanos foram tratados como condenados a trabalhos forçados, assim como tratamos os escravos de guerra e os presos criminosos. Dessa maneira, a Terra se tornou uma colônia penal, muito semelhante à Austrália. Essa é uma verdade inconveniente, e os líderes religiosos tentaram amenizá-la ao tornar a história do Gênesis mais palatável. Ao longo da história, sempre mudamos as narrativas para nos apresentarmos sob uma luz melhor. Esse não é um fenômeno novo; todas as nações do mundo fizeram o mesmo, vendo a história por uma lente que favorece sua própria perspectiva, muitas vezes reconstruindo fatos e fabricando histórias para explicar os eventos de uma forma mais favorável à sua imagem.

Por exemplo, os britânicos afirmam ter "civilizado" as nações nas quais cometeram genocídio em massa. Mas será que a história fabricada pelos judeus é diferente? Certamente não! Sua narrativa geralmente os retrata como bravos guerreiros que lutaram contra aqueles que se opunham à sua fé, enquanto as escavações arqueológicas revelam uma realidade muito diferente. Os transtornos mentais não surgiram do nada; esses indivíduos foram colocados aqui porque esta é uma colônia prisional de alta densidade da qual não podem escapar. Outros seres em mundos melhores podem se referir a esta existência como inferno, devido às suas baixas vibrações e ao estado constante de medo, ansiedade e opressão.

No entanto, é preciso elevar a consciência para reconhecer essa realidade. Para a grande maioria, esse modo de vida parece normal, e eles afirmam que enfrentar problemas e ameaças dá sentido à sua existência. As massas aprenderam a aceitar esse estado e, quando incentivadas a "pensar positivamente", muitas vezes são levadas pelas agendas da Nova Era a aceitar suas circunstâncias atuais em vez de evoluir para estados mais elevados de consciência.

Embora existam algumas almas evoluídas de outras galáxias — muitas vezes chamadas de Sementes Estelares ou Índigos — que vêm a este planeta para ajudar outras pessoas a escapar de sua escravidão por meio do desenvolvimento de uma consciência mais elevada, elas são frequentemente intimidadas, discriminadas e condenadas ao ostracismo. Isso se deve à sua perspectiva diferente, que a sociedade geralmente considera incompreensível. Em vez de serem valorizadas por sua sabedoria, elas são evitadas. Assim, as massas perpetuam sua ignorância, pois não estão prontas para ascender e tendem a se afastar de qualquer pessoa ou coisa que possa tirá-las deste planeta-prisão.

Elas não têm capacidade de discernimento e estão constantemente presas entre os polos do bem e do mal, como ovelhas sob o pastoreio de cães. Elas têm dificuldade em distinguir o certo do errado porque não conseguem pensar por si mesmas; têm baixa consciência, senso de moralidade reduzido e empatia e compaixão em falta. Elas seguem o rebanho e formam opiniões pessoais com base no consenso popular. Se muitos declaram que algo é bom, elas o aceitam sem questionar. Elas são indiferentes à natureza da questão, desde que tenham um rebanho para apoiar seus pontos de vista.

Você já notou que as pessoas estão sempre integradas a alguma ideologia de grupo, seja ela científica, religiosa ou ateísta? Enquanto sentirem que pertencem a um grupo, elas acreditam estar certas. Esse comportamento é um exemplo de baixa consciência, caracterizado pela mentalidade de rebanho e pela completa falta de percepção da verdade. Um estado mental focado nos instintos de sobrevivência, enraizado no apego ao mundano e suas ilusões, faz com que as pessoas acreditem que seu ego é importante. Essa crença faz com que elas deem uma importância exagerada à sua personalidade e ao que a sociedade pensa a seu respeito.

Como resultado, presumem que seus direitos são superiores aos dos outros. Quando se deparam com as dificuldades diárias, como o medo de perder o emprego, de ficarem sozinhas, de não terem amigos ou de sofrerem discriminação e humilhação, seu instinto de sobrevivência se intensifica. Esse medo exacerbado aumenta o ego e diminui a capacidade de pensar racionalmente. Como resultado, essas pessoas se tornam cada vez mais reativas, como animais selvagens. Portanto, os indivíduos movidos pelo ego geralmente são emocionalmente instáveis, não têm autocontrole e tendem a ser grosseiros e violentos. Esses indivíduos têm pouco senso de moralidade ou comunidade, reduzindo seus valores ao que podem ganhar para si mesmos. Eles são obcecados por sua própria sobrevivência e popularidade. A lógica não faz sentido para eles.

Capítulo 27: Entendendo as Forças em Jogo

Sempre que as massas se aproximam da compreensão de suas limitações, o governo intervém, minando suas habilidades analíticas com ameaças de guerra, terrorismo e outras medidas repressivas. O próprio sistema contribui para a ignorância das pessoas. É por isso que uma parcela significativa da população nutre sentimentos racistas e xenófobos; eles foram reduzidos a um estado primitivo, preocupados apenas com o prazer e o sustento, como qualquer outro animal.

Surgem padrões na vida desses indivíduos. Muitos acreditam que o amor consiste em duas pessoas que compartilham ideias idênticas e pensam como uma só. Eles percebem os amigos como aqueles que elogiam cada ato tolo. Eles equiparam o amor à obediência cega, lembrando a mentalidade de sobrevivência de certos grupos religiosos. Sua admiração se estende a médicos, enfermeiros e cientistas, pois essas profissões também se baseiam na sobrevivência por meio da obediência.

Para esses indivíduos, aprisionados por seus medos, o conceito mais aterrorizante é o desconhecido. Nele, não se obedece a ninguém além de si mesmo, e a incerteza da sobrevivência é grande. Assim, a ideia de reencarnação é muitas vezes ridicularizada e rejeitada; quando se diz às pessoas que elas são imortais, o medo da morte desaparece. Isso é um truque, veja só. As pessoas foram enganadas em um estado de escravidão e ignorância espiritual que impede que suas almas evoluam e deixem o planeta.

A religião desempenha um papel significativo na manutenção dessa escravidão, pois a ascensão espiritual exige o desenvolvimento do pensamento independente e do raciocínio ético. Essas características formam a base para o desenvolvimento ético, a empatia e o altruísmo, que não podem florescer quando os indivíduos submetem seus julgamentos morais a uma autoridade superior, que eles chamam de Deus. Essa moralidade coletiva, aliada ao medo da discriminação e do ostracismo, cria uma barreira formidável que impede a descoberta do direito de pensar individualmente.

Esse direito é ainda mais suprimido sempre que alguém tenta desenvolver o discernimento por meio da análise e comparação de diferentes escrituras religiosas ou de suas interpretações e traduções. Qualquer sacerdote que condene aqueles que tentam fazer isso está atacando a liberdade de pensamento dentro de sua própria comunidade. Assim, fica claro que nenhuma religião pode ser verdadeiramente livre, não importa quão aberta ao debate um grupo afirme estar. Sem uma compreensão clara da ética e da justiça, uma alma não pode esperar escapar deste planeta-prisão e alcançar o céu prometido, um reino de consciência superior.

O que atrai as pessoas para a religião é exatamente o que lhes é tirado pela moralidade do grupo que as reprime dentro dessas mesmas comunidades religiosas. Como resultado, a religião acaba servindo àqueles que desejam manter a humanidade presa e escravizada neste planeta por toda a eternidade, já que os seres humanos não têm outros meios de escapar e ascender a realidades melhores, incluindo aquelas das quais suas almas se originam.

Manter a humanidade em conflito, seja por motivos religiosos ou políticos, também mantém a densidade das almas no nível mais baixo possível, caracterizado pelo medo e pela discriminação sem empatia. Sempre que a humanidade tenta se unir para um propósito mais elevado e é educada em ensinamentos espirituais factuais, o chamado Deus bíblico opta por fomentar a divisão entre as pessoas. Gênesis 11:1-9 ilustra essa intenção ao declarar: "Vinde, desçamos e confundamos a sua linguagem, para que não entendam a fala uns dos outros."

Além disso, esse Deus bíblico parece ter espalhado as pessoas pelo planeta para impedi-las de se unirem para um propósito comum, conforme descrito em Gênesis: "Dali o Senhor as espalhou sobre a face da terra." Então, será que é apenas uma coincidência que a pandemia de coronavírus esteja sendo usada como desculpa para restringir viagens ou impor vacinas obrigatórias para embarcar em aviões? Historicamente, os seres humanos têm sido tratados como bens móveis, e as tentativas de comunicar verdades superiores têm sido consistentemente suprimidas. A situação não mudou. A censura da verdade persiste até hoje, apesar dos muitos caminhos para a troca de informações.

Somente as narrativas oficiais das instituições controladas pelo governo são consideradas aceitáveis, enquanto os pontos de vista alternativos são ridicularizados e descartados. Quando a ridicularização falha, aqueles que ousam compartilhar a verdade geralmente são presos sob falsas acusações ou assassinados de forma aparentemente acidental ou suicida. No entanto, apesar desses ataques aos que despertam, a libertação da alma por meio do conhecimento é possível para aqueles que estão dispostos a fazer a jornada sem olhar para trás.

O autor Sir Charles Eliot explica: "O sofrimento é o resultado da escravidão das almas à matéria, mas essa escravidão não afeta a natureza da alma e, de certa forma, não é real. Quando as almas adquirem conhecimento discriminatório e percebem que não são a própria matéria, a escravidão cessa e elas alcançam a paz eterna". Da mesma forma, Buda e muitos outros grandes mestres espirituais que vieram para libertar a humanidade transmitiram a mesma mensagem ao afirmarem que a raiz do sofrimento é o apego.

Capítulo 28: Influências Culturais e Evolução

A compreensão histórica de Jesus e de outros profetas é limitada, pois eles não registraram seus ensinamentos por escrito. A Bíblia, baseada principalmente em relatos de Jesus, é fortemente influenciada por fontes e cultura gregas, levantando questões sobre a autenticidade das crenças cristãs. Se Jesus foi uma figura fictícia ou histórica, seus ensinamentos só podem ser considerados confiáveis se forem consistentes com os ensinamentos de outros profetas. Essa abordagem exige o estudo de textos que circularam em seu nome e que foram alterados ou destruídos pelos Concílios de Nicéia. Consequentemente, isso desafiaria as crenças de todas as fés religiosas que se dizem cristãs hoje, exceto aquelas que buscam orientação nos escritos originais.

Essa perspectiva não apenas exige uma nova Bíblia, mas também prejudica a versão geralmente aceita e reconhecida pelas comunidades cristãs em todo o mundo como a verdadeira Palavra de Deus. É importante observar que a Bíblia como a conhecemos hoje só surgiu no século XII. Além disso, traduções recentes da

Bíblia incluem notas e interpretações que favorecem Israel e a comunidade judaica. A Oxford University Press, em particular, tem sido responsável por inúmeras mudanças na Bíblia que favorecem uma posição pró-Israel, muitas das quais podem ser encontradas na Bíblia de Referência Scofield. Charles E. Carlson explica: "O texto bíblico foi manipulado por meio de traduções e interpretações tendenciosas para apoiar agendas políticas e religiosas específicas. Essa manipulação levou muitos cristãos a apoiar acriticamente as políticas do moderno Estado de Israel, muitas vezes às custas do povo palestino."

Antes de sua compilação, o Concílio de 553 d.C. removeu alguns dos ensinamentos mais importantes dos textos originais, incluindo as referências de Jesus à reencarnação. Além disso, considerando os muitos livros que foram completamente rejeitados e censurados ao longo da história, a verdadeira Bíblia, se associada a Jesus, apresentaria uma forma de cristianismo muito diferente da conhecida hoje. De fato, ela poderia levar a várias expressões do cristianismo semelhantes às que existiam antes do início da perseguição e erradicação de grupos promovida pelo Império Romano. Qualquer coisa que contradissesse a versão oficial da Igreja era descartada, independentemente de sua importância. Entre essas doutrinas promovidas vigorosamente pela Igreja está a noção de que o pecado resulta de qualquer nascimento resultante de relações sexuais entre humanos, enquanto a santidade está associada à procriação entre uma virgem e um anjo. Esse conceito corresponde aos textos mesopotâmicos que se referem ao grande pecado do paraíso: a modificação genética que permitiu a reprodução independente dos seres humanos. Anteriormente, acreditava-se que a procriação ocorria apenas entre deuses e humanos.

Textos antigos sugerem que as mulheres humanas eram engravidadas por esses deuses alienígenas, que geralmente se cercavam de mulheres para esse fim. As referências na Bíblia aos anjos caídos que tiveram relações com mulheres, aos anjos que engravidaram Maria e outras mulheres e a Jeová são todas referências aos mesmos seres, não a entidades separadas, como sugerem as religiões abraâmicas. Além disso, se as histórias de abdução se assemelham muito às descrições de Maria, a mãe de Jesus, não é descabido sugerir que muitos Cristos nasceram na Terra e em outros lugares do universo.

Como observou Paul Anthony Wallis, "Quando os cristãos contam a história de Jesus, (...) é uma história da singularidade de Jesus. Mas, quando você olha novamente, percebe que ela é muito semelhante ao nascimento de João Batista, Isaque... Isaque é um exemplo de gravidez resultante de um encontro próximo com três seres celestiais. Seus pais, Abraão e Sara, têm um encontro próximo com alienígenas, e então, sobrenaturalmente, Sara fica grávida. A mesma história se aplica a Lao Tzu... e percebemos que essa narrativa de gestações alteradas, de inseminação artificial e fertilização in vitro... nossos antepassados as chamavam de crianças-estrela, mas a história é muito maior. Quando ouvimos que Maria encontra um ser anômalo e depois engravida de alguém excepcionalmente consciente, inteligente e poderoso, percebemos que isso faz parte de uma narrativa muito maior. Portanto, não devemos nos surpreender ao encontrar histórias semelhantes com nomes diferentes que transmitem as mesmas ideias."

Se todas as sementes estelares se assemelham aos ensinamentos e à consciência cristãos, então o verdadeiro cristianismo deve ser reconhecido como uma ideologia enraizada na família interplanetária representada pelos avatares que vêm a este planeta, como Jesus. Não precisamos desacreditar esses eventos por causa de suas diferenças; como muitos encontros mostram, os alienígenas geralmente apresentam ilusões que estão de acordo com o que os indivíduos podem aceitar. Portanto, é normal que aqueles que acreditam apenas em anjos os vejam para se sentirem mais confortáveis e participarem da experiência. Isso pode explicar por que Maria viu o Arcanjo Miguel. Embora não possamos saber definitivamente o que ela vivenciou, é provável que ela tenha encontrado algo que a tornou disposta a participar de um experimento extraterrestre.

Além disso, é absurdo referir-se a ela como a Virgem Maria. Como Don Stewart ressalta, "Se fosse esse o caso, Jesus teria sido filho único. No entanto, as Escrituras indicam que Jesus tinha irmãos e irmãs. Mateus 1:25 também sugere fortemente que José teve relações sexuais normais com Maria após o nascimento de Jesus. Portanto, essa passagem fornece um forte argumento contra a noção de que Maria era virgem perpétua. Além disso, as Escrituras atestam que José e Maria tiveram outros filhos que eram irmãos e irmãs de Jesus" (In Bíblia em letra azul).

Capítulo 29: O Legado de Jesus

A Bíblia nos diz que, durante o ministério de Jesus, "nem mesmo seus irmãos acreditavam nele" (João 7:5). No entanto, mais tarde, eles se tornaram líderes ativos em sua igreja, e dois deles — Tiago e Judas — escreveram cartas que fazem parte do Novo Testamento. Isso sugere que eles eram, de fato, irmãos verdadeiros, filhos biológicos de José e Maria, e não meio-irmãos. Alguns estudiosos sugerem até que um dos irmãos era gêmeo. O professor Dale Martin, especialista no Novo Testamento e professor da Universidade de Yale, revelou que algumas tradições cristãs acreditam que Jesus tinha um irmão gêmeo. Ele declarou em uma de suas conferências: "Seu irmão era Dídimo Judas Tomé. Dídimo é a palavra grega para 'gêmeo', enquanto 'Tomé' é semita, seja hebraico, aramaico ou siríaco, todos idiomas semelhantes".

Martin explica ainda: "Seu nome 'real' é Judas, e Dídimo e Tomé são seus apelidos — um grego e o outro semita ou aramaico. Isso foi usado como evidência por algumas tradições cristãs primitivas para afirmar que Tomé era o irmão gêmeo de Jesus". A tradição thomasita, uma forma de cristianismo particularmente popular em áreas do Oriente Médio moderno, remonta suas crenças ao apóstolo Tomé e também apoia a ideia de que Jesus e Judas eram irmãos gêmeos.

É plausível e não é difícil de aceitar que Judas também tenha sido uma semente estelar como Jesus, embora tenha se tornado um de seus discípulos. Isso levanta a questão: quem poderia ter sido crucificado, se não Jesus, mas Judas? Muitas seitas da época pareciam pensar assim. Essa informação provavelmente foi suprimida para enfatizar a singularidade de Jesus. Entretanto, se Jesus e Judas fossem de fato irmãos gêmeos, eles compartilhariam a mesma linhagem alienígena e o mesmo potencial divino.

Isso nos leva a questionar por que os cristãos continuam a se referir a Maria como virgem e a Jesus como seu único filho. Aqui encontramos paralelos místicos com a história egípcia de Ísis. Muito do que o Império Romano fez com o cristianismo foi integrar as várias religiões do império, incluindo muitas crenças pagãs do Oriente Médio, e depois perseguir e eliminar aqueles que não aceitavam esse novo sistema de crenças. O cristianismo não era simplesmente a religião do Império Romano, mas uma das muitas crenças incorporadas em uma estratégia para controlar as pessoas por meio do temor a Deus, promovendo a obediência à autoridade.

Esse método mostrou-se mais eficaz do que a força direta, e, com o tempo, reis e rainhas adotaram estratégias semelhantes para manter a autoridade sobre seus súditos. As várias denominações cristãs que surgiram dessa história nos últimos anos são simplesmente ramos diferentes do mesmo engano, não oferecendo nada de novo e se baseando nos mesmos textos básicos. Embora a Bíblia possa ser traduzida de muitas maneiras, ela continua sendo o mesmo livro:

um livro enraizado na propaganda política, no controle da mente, no engano e na unificação dos fiéis sob um sistema de hipnose em massa. A Bíblia serve como uma ferramenta de doutrinação criada para erradicar o paganismo e outros sistemas de crenças que promovem o pensamento independente e a exploração de todo o nosso potencial por meio das artes, agora relegadas ao domínio do ocultismo, da magia e das práticas místicas.

A orquestração dessa supressão foi tão eficaz que, até hoje, raramente vemos o surgimento de novas religiões que possam competir em igualdade de condições. De fato, a maioria das pessoas é tão influenciada por sua própria cultura — muitas vezes impregnada de valores cristãos — que rejeita práticas espirituais que não mencionem Jesus. Entretanto, somente integrando os verdadeiros ensinamentos de Jesus, conforme apresentados no aramaico original e totalmente expressos nas escrituras gnósticas, que eram consideradas heréticas e proibidas, é que se pode realmente compreender os ensinamentos atribuídos a Jesus Cristo.

Vale ressaltar que era comum as seitas da época usarem um único nome para representar um grupo inteiro. Os gregos, por exemplo, agruparam vários seres extraterrestres sob o termo "Deus" e, da mesma forma, escreveram sob o pseudônimo de Hermes Trismegisto, coletivo derivado das antigas tradições egípcias. Da mesma forma, os livros da Bíblia — especialmente o Antigo Testamento — são frequentemente atribuídos a autores específicos, como Moisés, Davi ou Salomão. No entanto, muitos desses textos foram provavelmente compilados e editados por vários escribas e estudiosos durante séculos, e os autores atribuídos servem como figuras simbólicas que representam a autoria coletiva.

Usar um nome para representar um grupo inteiro era uma prática comum na Grécia e em outras partes do mundo, simplificando efetivamente uma linhagem de ensinamentos sob um único autor. Isso era especialmente comum em cultos religiosos, mas não exclusivamente. Por exemplo, embora Confúcio seja frequentemente creditado como o autor dos Analectos e de outras obras, muitos estudiosos acreditam que esses textos foram compilados e editados por seus discípulos e seguidores ao longo do tempo. Assim, o nome "Confúcio" representa uma tradição mais ampla de pensamento e ensino, e não o trabalho de um único indivíduo.

No entanto, é razoável supor que Jesus pode ter sido uma figura mitológica que nunca existiu de fato ou, se existiu, pode ter sido bem diferente da representação que temos hoje. Assim como inventamos histórias sobre nossas vidas que sabemos não serem verdadeiras, mas que os outros acreditam, as pessoas podem inventar histórias sobre a vida de Jesus que não são verdadeiras, mas que os outros acreditam.

Capítulo 30: Em Busca da Verdade

Em minha própria vida, conheci muitas pessoas que estão absolutamente convencidas de que sabem quem eu sou e preferem fofocar sobre mim a buscar a verdade diretamente. Elas acreditam que sua imaginação é mais verdadeira do que a minha realidade. Observei isso em universidades, em várias organizações religiosas, incluindo os rosacruzes e outros grupos esotéricos, e em outros lugares. As pessoas geralmente inventam histórias falsas sobre mim. Se isso acontece comigo, só posso imaginar até que ponto as pessoas vão para falar de alguém que talvez nunca tenha existido.

As pessoas são obcecadas por fantasias. Elas aceitam sua insanidade e a legitimam sob o disfarce da religião, validando seus delírios por meio de um coletivo que compartilha da mesma esquizofrenia. Em muitos grupos cristãos emergentes, parece que os membros competem para ver quem consegue ser mais imaginativo, pois aqueles com a imaginação mais fértil tendem a atrair mais atenção. Entretanto, acredito que, quanto mais entendermos a verdadeira mensagem dos verdadeiros profetas, mais perceberemos a importância de integrar a humanidade com outros seres extraterrestres. Diferentes períodos históricos, origens culturais e vocabulários fazem com que os Sementes das Estrelas manifestem verdades universais de maneiras aparentemente diferentes, mas essas mensagens transmitem três princípios importantes:

Unidade: todos somos parte de uma grande família e não devemos discriminar ninguém por causa de sua aparência ou origem.

Cooperação: devemos trabalhar juntos para alcançar uma evolução que promova nossa sobrevivência neste planeta e em toda a galáxia.

O terceiro princípio é a compaixão: devemos resolver e eliminar conflitos com compaixão e empatia por todos, e nos esforçar para nos tornarmos mais compassivos.

Esse último valor está intimamente relacionado ao que as escrituras cristãs ensinam sobre amar os inimigos. Isso não significa que devemos aceitar passivamente as tentativas de nos prejudicar; ao contrário, devemos enxergar aqueles que se opõem a nós como doentes mentais, o que nos permite perdoá-los e superar nossas experiências traumáticas. Enquanto isso, não devemos permanecer passivos diante dos esforços para suprimir a verdade. Nas últimas décadas, muito foi ignorado e escondido sob o guarda-chuva da "arqueologia proibida", pois a comunidade científica ainda não está pronta para se reorganizar e arriscar sua credibilidade ao revelar descobertas relacionadas à interferência extraterrestre.

Michael A. Cremo, pesquisador associado da história da arqueologia e membro do Comitê Arqueológico Mundial, declarou: "Vai ser difícil aceitar que seres humanos como nós só existem há cerca de 100 mil ou 200 mil anos e que, antes disso, havia apenas ancestrais humanos mais primitivos" (In Talks at Google). A maioria das pessoas continua apegada a crenças ultrapassadas, interpretações errôneas e mentiras porque a sociedade não está pronta para aceitar a verdade. Essa verdade exige um novo nível de consciência que permita às pessoas enxergarem a realidade como ela realmente é.

A integração de ensinamentos espirituais autênticos, combinada com a aceitação de nossas origens extraterrestres e da interferência alienígena, é fundamental para a evolução da humanidade. À medida que progredimos, é imperativo questionarmos as narrativas que nos foram impostas e buscarmos a verdade além do véu do engano. Dessa forma, podemos começar a curar as divisões criadas pelo dogma religioso e aceitar as verdades que nos unem. Essa jornada é essencial se quisermos evoluir como espécie e ocupar nosso lugar de direito no universo.

Por fim, a verdade nos libertará, mas somente se estivermos dispostos a aceitá-la e integrá-la em nossas vidas. O caminho para a liberação espiritual é pavimentado com conhecimento, compreensão e coragem para desafiar o status quo. Ele exige que abandonemos as ilusões do passado e aceitemos a realidade do presente para construir um futuro à altura de nosso potencial divino.

A história da humanidade, como a conhecemos, é uma narrativa cuidadosamente elaborada para nos manter no escuro sobre nossas verdadeiras origens e potencial. O registro histórico oficial está repleto de lacunas, inconsistências e fabricações, tudo projetado para manter o status quo e evitar que questionemos a natureza de nossa existência. No entanto, ao mergulharmos na história oculta da humanidade, podemos começar a descobrir verdades suprimidas por milênios.

Capítulo 31:
Civilizações Antigas

U m dos aspectos mais fascinantes de nossa história oculta é a existência de civilizações antigas avançadas, anteriores à nossa compreensão atual do desenvolvimento humano. Civilizações como Atlântida e Lemúria são frequentemente descartadas como mitos, mas há evidências convincentes de que elas eram reais e possuíam tecnologias muito além das que temos hoje. As lendas de Atlântida descrevem uma sociedade altamente avançada que existiu há milhares de anos, caracterizada por arquitetura sofisticada, engenharia e até mesmo formas avançadas de energia. O filósofo grego Platão escreveu sobre Atlântida em seus diálogos "Timeu" e "Crítias", descrevendo-a como uma poderosa nação insular que afundou em um evento cataclísmico.

Embora os historiadores tradicionais geralmente descartem esses relatos como meros mitos, há paralelos intrigantes entre as descrições de Atlântida e as ruínas de cidades antigas encontradas em todo o mundo, como as do Egito, Peru e México. Da mesma forma, a lenda da Lemúria, também conhecida como Mu, descreve um continente que existiu no Oceano Pacífico. Diz-se que essa civilização foi anterior à Atlântida e possuía conhecimentos avançados sobre a natureza e o cosmos. Embora as evidências físicas da Lemúria sejam escassas, inúmeras conexões culturais e linguísticas entre os povos da região do Pacífico sugerem uma ancestralidade e uma origem comuns.

Os extraterrestres desempenharam um papel significativo no desenvolvimento da humanidade. Ao longo da história, vários relatos descrevem encontros com seres de outros mundos, geralmente retratados como deuses, anjos ou outras entidades sobrenaturais. Esses encontros influenciaram profundamente a cultura, a religião e a tecnologia humanas. Por exemplo, textos sumérios antigos fazem referência a uma raça de seres conhecidos como Anunnaki, que teriam vindo do planeta Nibiru para a Terra. De acordo com esses textos, os Anunnaki criaram a humanidade por meio de engenharia genética, combinando seu DNA com o dos primeiros hominídeos. Diz-se que essa intervenção resultou na espécie humana moderna, dotada de características e potencial únicos.

Da mesma forma, a antiga civilização egípcia foi profundamente influenciada pelo contato com seres alienígenas. Os deuses do Egito, como Rá, Osíris e Ísis, são frequentemente retratados como tendo vindo das estrelas e possuindo conhecimento e tecnologia avançados. As pirâmides e outras estruturas monumentais do Egito atestam as habilidades avançadas de engenharia e arquitetura desses povos antigos, habilidades que podem ter sido adquiridas por meio do contato com seres extraterrestres. Apesar da abundância de evidências que apóiam a existência de civilizações antigas avançadas e a intervenção extraterrestre, esse conhecimento tem sido sistematicamente suprimido pelos detentores do poder.

Os motivos para essa supressão são complexos e variados, mas, em última análise, decorrem do desejo de manter o controle sobre as massas e impedi-las de questionar a ordem estabelecida e suas instituições. Um dos principais meios de suprimir esse conhecimento é por meio do controle da educação e da mídia. O registro histórico oficial é cuidadosamente selecionado para excluir qualquer evidência que a contrarie. Aqueles que ousam desafiar essa narrativa são frequentemente ridicularizados, marginalizados ou até mesmo perseguidos.

Além disso, a desinformação e a propaganda são usadas para obscurecer a verdade. São criadas e disseminadas narrativas falsas para confundir e enganar o público, dificultando a distinção entre fato e ficção. Isso é particularmente evidente no campo da ufologia e no estudo de fenômenos extraterrestres, em que as evidências reais são frequentemente entrelaçadas com farsas e desinformação.

Apesar dos esforços daqueles que estão no poder para suprimir a verdade, um movimento crescente de indivíduos está despertando para a história oculta da humanidade e para o papel que os seres extraterrestres desempenharam em nosso desenvolvimento. Esse despertar é alimentado pelo desejo de compreender a verdadeira natureza de nossa existência e de recuperar nossa soberania espiritual. À medida que continuamos a desvendar a história oculta da humanidade, percebemos que não estamos sozinhos no universo e que fazemos parte de uma família cósmica muito maior. De fato, segundo Alex Collier, há 135 bilhões de seres humanos em nosso universo, além de 100 trilhões de galáxias habitadas. Isso implica uma quantidade significativa de civilizações ainda por ser descoberta. O mais interessante é que há um grande número de planetas semelhantes à Terra, prontos para serem habitados por seres humanos motivados pelo amor e por um senso de unidade, que podem construir novas civilizações e corrigir os erros de seus ancestrais.

Essa percepção tem implicações profundas para nossa compreensão de nós mesmos e de nosso lugar no universo. Ela também tem o potencial de transformar nosso mundo se adotarmos os valores de compaixão, empatia e unidade que estão no centro dos verdadeiros ensinamentos espirituais. Essa busca exige humildade para estudar, assimilar novas formas de pensar e evoluir para além do que antes considerávamos a natureza humana. É sábio preparar-se espiritualmente para essa ascensão, aprendendo sobre as várias culturas da Terra, apreciando nossas diferenças e compreendendo o que elas podem nos oferecer para nos tornarmos indivíduos melhores.

Epílogo

A o concluirmos nossa exploração das histórias ocultas e verdades espirituais que moldam nossa existência, somos lembrados da interconexão de todos os seres e da importância vital da compaixão, empatia e unidade. A jornada pelo "Conhecimento Proibido" revelou a supressão sistemática do conhecimento pelos poderosos e a manipulação da educação e da mídia para manter o controle sobre as massas. Apesar desses desafios, um movimento crescente de indivíduos está despertando para a história oculta da humanidade e para o papel dos seres extraterrestres em nosso desenvolvimento. Ao adotarmos os valores de compaixão, empatia e união, podemos transformar nosso mundo e ocupar nosso lugar de direito no universo. O caminho para a liberação espiritual é pavimentado com conhecimento, compreensão e coragem para desafiar o status quo. À medida que continuamos a desvendar a história oculta da humanidade, somos lembrados de que a verdade nos libertará, mas somente se estivermos dispostos a aceitá-la e integrá-la em nossas vidas.

Referências

Cremo, M. A. (1993). Forbidden Archeology: The Hidden History of the Human Race. Bhaktivedanta Book Publishing.

Fenton, D., & Fenton, B. R. (2019). Hybrid Humans. New Page Books.

Makukov, M. A., & Cherbak, V. I. (2012). The "Wow! signal" of the terrestrial genetic code. Icarus, 224(1), 228-242.

Martin, D. B. (2010). New Testament History and Literature. Yale University Press.

Plackett, B. (2021, April 21). How many human species have ever existed? Live Science. In www.livescience.com.

Plato. (n.d.). Timaeus and Critias. Ancient Greek texts discussing the legend of Atlantis.

Sitchin, Z. (1976). The 12th Planet. Bear & Company.

Wallis, P. A. (2019). Escaping from Eden. Bear & Company.

WikiLeaks. (n.d.). The Global Intelligence Files. Release of emails revealing intelligence operations.

Glossário de Termos

Anunnaki: grupo de divindades ou seres extraterrestres mencionados em textos sumérios antigos. São frequentemente associados à criação da humanidade e à transferência de conhecimento e tecnologia avançados.

Atlântida: ilha lendária descrita pelo filósofo grego Platão. Acredita-se que tenha sido o lar de uma civilização avançada, destruída por um evento cataclísmico. A Atlântida é frequentemente citada como exemplo de uma civilização antiga perdida com tecnologia notável.

Civilizações antigas: sociedades avançadas que existiram em um passado distante e se caracterizaram por arquitetura, tecnologia e realizações culturais sofisticadas. Exemplos notáveis incluem a Atlântida, Lemúria e o Egito Antigo.

Desinformação: informações falsas ou enganosas disseminadas de maneira deliberada para manipular a opinião pública. Essa tática é frequentemente usada por quem está no poder para suprimir ou distorcer a verdade.

Dogma religioso: conjunto de crenças ou doutrinas que são aceitas como inquestionáveis e autoritárias em um contexto religioso. O dogma religioso pode limitar a exploração espiritual e a busca pela verdade.

Engenharia genética: é a manipulação deliberada do material genético de um organismo para produzir características desejadas. No contexto de civilizações antigas, esse conceito está frequentemente associado aos anunnaki e seu suposto papel na criação da humanidade.

História oculta: eventos, conhecimentos ou narrativas que foram suprimidos, obscurecidos ou distorcidos de maneira deliberada. Esse termo é usado para descrever aspectos da história que desafiam ou contradizem a narrativa oficial.

Iluminação: é o estado de despertar ou entendimento espiritual que transcende a consciência comum. É frequentemente associada à percepção da verdadeira natureza do indivíduo e da interconexão de todos os seres.

Lemúria: continente ou civilização perdida hipotética que se acredita ter existido no Oceano Pacífico. Assim como Atlântida, Lemúria é frequentemente citada como exemplo de uma antiga civilização avançada com tecnologia e conhecimento sofisticados.

Manipulação da educação: controle ou distorção deliberados do conteúdo educacional para atender a uma agenda específica ou suprimir determinado conhecimento. Isso pode incluir a omissão de eventos históricos relevantes ou a promoção de narrativas tendenciosas.

Manipulação da mídia: controle ou distorção de informações disseminadas por vários meios de comunicação para influenciar a opinião pública ou suprimir determinadas verdades. Isso pode incluir a desinformação e a propaganda.

Sabedoria Divina: é o conhecimento e a percepção atribuídos a fontes divinas ou sobrenaturais, geralmente transmitidos por meio de textos religiosos, mitos e lendas. Entre os exemplos, estão a sabedoria dos deuses egípcios e os ensinamentos de figuras iluminadas, como Jesus.

Seres extraterrestres: são entidades ou seres que vêm de fora da Terra. São frequentemente associados a civilizações e tecnologias avançadas, e seu envolvimento na história humana é alvo de muita especulação e debate.

Soberania espiritual: conceito que envolve reivindicar autonomia espiritual e liberdade de controle ou influência externa. Envolve abraçar a verdadeira natureza e o potencial divino de uma pessoa, geralmente por meio da busca da iluminação e do crescimento espiritual.

Supressão de conhecimento: ocultação ou obstrução deliberada de informações por aqueles que detêm o poder, com o objetivo de mantê-lo ou impedir a disseminação de certas verdades. Isso pode incluir a manipulação da educação e da mídia, bem como a desinformação.

Véu de engano: uma barreira metafórica que obscurece a verdade, geralmente criada por meio da supressão do conhecimento, da desinformação e da manipulação da educação e da mídia. Esse termo descreve as ilusões e os enganos que impedem as pessoas de entender a verdadeira natureza da realidade.

Solicitação de resenha de livro

C aro leitor,

Obrigado por adquirir este livro! Gostaria muito de saber sua opinião. Escrever uma resenha de livro ajuda a entender os leitores e também afeta as decisões de compra de outros leitores. Sua opinião é importante. Por favor, escreva uma resenha sobre o livro! Sua gentileza é muito apreciada!

Sobre o autor

an Desmarques é um autor renomado com um histórico notável no mundo literário. Com um portfólio impressionante de 28 best-sellers da Amazon, incluindo oito best-sellers nº 1, Dan é uma figura respeitada no setor. Com base em sua formação como professor universitário de redação acadêmica e criativa, bem como em sua experiência como consultor de negócios experiente, Dan traz uma combinação única de conhecimento para seu trabalho. Suas percepções profundas e seu conteúdo transformador atraem um público amplo, abrangendo tópicos tão diversos quanto crescimento pessoal, sucesso, espiritualidade e o significado mais profundo da vida. Por meio de seus escritos, Dan capacita os leitores a se libertarem das limitações, liberarem seu potencial interior e embarcarem em uma jornada de autodescoberta e transformação. Em um mercado competitivo de autoajuda, o talento excepcional e as histórias inspiradoras de Dan fazem dele um autor de destaque, motivando os leitores a se envolverem com seus livros e a embarcarem em um caminho de crescimento pessoal e iluminação.

Também escrito pelo autor

1. 66 Days to Change Your Life: 12 Steps to Effortlessly Remove Mental Blocks, Reprogram Your Brain and Become a Money Magnet

2. A New Way of Being: How to Rewire Your Brain and Take Control of Your Life

3. Abnormal: How to Train Yourself to Think Differently and Permanently Overcome Evil Thoughts

4. Alignment: The Process of Transmutation Within the Mechanics of Life

5. Audacity: How to Make Fast and Efficient Decisions in Any Situation

6. Beyond Belief: Discovering Sacred Moments in Everyday Life

7. Beyond Illusions: Discovering Your True Nature

Sobre a editora

Esse livro foi publicado pela 22 Lions Publishing.

www.22Lions.com